# SANA tus HERIDAS en PAREJA

Anamar Orihuela

# SANA tus HERIDAS en PAREJA

Lo que no reparas con tus padres,
lo repites con tu pareja

**Sana tus heridas en pareja**
*Lo que no reparas con tus padres, lo repites con tu pareja*

Primera edición: junio, 2018

D. R. © 2018, Anamar Orihuela

D. R. © 2018, derechos de edición mundiales en lengua castellana:
Penguin Random House Grupo Editorial, S.A. de C.V.
Blvd. Miguel de Cervantes Saavedra núm. 301, 1er piso,
colonia Granada, delegación Miguel Hidalgo, C.P. 11520,
Ciudad de México

www.megustaleer.mx

D. R. © Penguin Random House / La fe ciega, por el diseño de cubierta
D. R. © iStock, por la ilustración de portada
D. R. © MMK, por la fotografía de la autora

ISBN: 978-607-316-601-0

Impreso en México – *Printed in Mexico*

El papel utilizado para la impresión de este libro ha sido fabricado a partir de madera procedente
de bosques y plantaciones gestionadas con los más altos estándares ambientales, garantizando
una explotación de los recursos sostenible con el medio ambiente y beneficiosa para las personas.

Penguin·
Random House
Grupo Editorial

Víctor, este es nuestro viaje, amor:
gracias por todas las veces que tus ojos
me han visto con profundo amor.

# ÍNDICE

# UN CORAZÓN CIEGO

Había una vez un corazón que buscaba el amor y deseaba con mucho entusiasmo expresarlo. Vivía con otros corazones que lo alimentaban y lo cuidaban. El corazón buscaba expresar todo su amor con ellos, pero los otros estaban ciegos, parecía que nunca lo veían y que no estaban cerca. Eran como robots con muchas actividades y sin espacio para amar. El corazón empezó a sentir mucho vacío y soledad, un gran dolor por no ser visto. Para no sentir eso, buscó por todos los medios ser visto, contaba chistes, ayudaba a los demás, hacía cosas muy buenas, aunque a veces molestaba a la gente y la hacía enojar para que lo tomaran en cuenta, por momentos lo lograba, pero después la ceguera volvía y con ello la soledad y el vacío que se abría cada vez más.

El tiempo pasó y el corazón se acostumbró a vivir sin amor, a dejar de esperarlo y cerrarse en un caparazón. Ahí podía estar ciego como aquellos que lo educaron para no sentir el dolor de esperar algo que nunca llega. De pronto, inesperadamente, el corazón conoció a otro corazón que revivió el gran anhelo de vivir el amor. Lleno de entusiasmo le entregó todo su amor, pero no se dio cuenta de que este corazón estaba lleno de miedo y no podía amar. Repitió todas las estrategias que conocía para ser visto: contó chistes, hizo cosas muy buenas, molestó y discutió, pero al final, este corazón lleno de miedo tampoco tenía ojos para mirar y lo lastimó de tal forma que rompió una parte de su ser. Entonces, el corazón quiso sentirse ciego para no ver, ciego para no sentir, ciego para no esperar.

Corazón quiso protegerse para no ser lastimado de nuevo, pero era muy soñador y quería amar. Así le rompieron el corazón varias veces. Y siguió así, buscando el amor. Corazón pensaba que debía hacer muchas cosas para que lo vieran a la manera de los corazones con los que creció. Aprendió que el amor es poco y que, por ello, debe dar una parte de sí para ser amado. Así que cada vez que buscaba amar perdía una parte de su esencia. Nadie le enseñó que no debía entregar su amor a corazones ciegos porque nunca verían lo que les da; tampoco nadie le dijo que era ciego, porque nunca había aprendido a conocerse en realidad y mirarse con amor. Los corazones con que creció nunca se lo enseñaron, pues también eran ciegos.

Después de mucho buscar, Corazón empezó a madurar y entender que para encontrar el amor debía aniquilar la ceguera, conocerse y aprender a tratarse con verdadero amor. Y así lo hizo. Cada que se ama, la visión viene a él, puede distinguir a los corazones ciegos de los despiertos. Con el tiempo, ha aprendido que todos aprendemos a no ser ciegos, la diferencia es que unos saben que son ciegos y otros no tienen la más remota idea.

Corazón conoció a otro corazón ciego que sí sabía que lo era. Juntos aprendieron a devolverse la vista con amor. Ahora respetan sus momentos de ceguera y disfrutan cuando ven juntos el verdadero *yo* del otro, cuando tocan el verdadero amor, ése que les devuelve la fe y la esperanza, el amor que les devuelve la vista y les permite sanar sus corazones.

Ese corazón eres tú y este libro es ese viaje. Disfrútalo.

# INTRODUCCIÓN

Hace doce años inicié una de las más grandes empresas de toda mi vida, la más feliz, la que más aprendizajes bonitos me ha dejado, la que me ha llenado de amor y herramientas de vida; esta empresa se llama matrimonio. Me casé con el hombre que es el amor de mi vida y créeme, no es una expresión romántica ni una posición rosa. Lo que mi esposo y yo hemos vivido, sanado y logrado en estos doce años, sin duda, le da un lugar único en mi historia.

Los dos veníamos de lugares interiores rotos y carentes; yo, de un divorcio muy doloroso y aleccionador; él, de años de mucha soledad. Teníamos todo para vivir las mismas realidades que aprendimos: control, manipulación, abandono, etcétera. Pero elegimos no hacerlo, elegimos que queríamos vivir algo bueno para ambos, elegimos ser conscientes y regalarnos el mejor de los regalos: tener una pareja que te cuida, te ama y te respeta. Ésa fue nuestra apuesta y nos transformó completamente. Hoy somos muy diferentes que cuando empezamos este viaje, somos más nosotros, más libres, más felices. Todo gracias a que ambos elegimos crecer y sanar nuestras propias heridas.

Con este libro quiero compartir una idea en la que creo profundamente, que he puesto en práctica todos estos años con mi pareja y también he probado con las parejas que he atendido en terapia de pareja. Al leerlo aprenderás algo que no sabías, algo que te dará una nueva visión de ti y de tu manera de relacionarte con la pareja y, en general, con tus relaciones.

Muchos de nosotros crecimos observando y entendiendo el amor desde lugares muy equivocados. Tuvimos un modelo con nuestros padres, nuestros abuelos y las personas que nos enseñaron lo que podíamos esperar del amor, cómo amar y ser amado. ¿Cuántos de ustedes vieron un amor compañero en sus padres? La verdad es que ni idea tenemos de lo que es construir una relación sana. Empezamos nuestra vida amorosa repitiendo los patrones que aprendimos con dinámicas dolorosas, sintiendo muchas carencias afectivas e imaginando que una pareja lo resolvería todo.

Los modelos de pareja que vemos cuando somos niños crean un esquema inconsciente. Cuando menos te lo esperas, tu pareja se parece a tu padre, tú eres como tu madre y vives problemas parecidos a los que tenían. Por ejemplo, de pronto te cachas en las mismas dinámicas que odiabas de ellos: a veces vives una luna de miel y otras la violencia extrema. De alguna manera, son una referencia importante.

Por eso hay que preguntarse: ¿Qué tipo de relación construyeron mis padres?, ¿cómo se daban y recibían amor?, ¿se hacían mejores personas el uno al otro?, ¿respetaban sus espacios como individuos?, ¿qué tipo de dinámicas repito en mis relaciones? Hay que regresar a la infancia porque ahí están las raíces de nuestras creencias.

Ser conscientes de nuestros esquemas aprendidos de pareja y observar cómo se activan de manera automática, conforman el primer paso para no vivir las mismas historias que aprendiste con tus padres y así construir una historia de amor propia y elegida. Todo esto lo aprenderás a lo largo de los capítulos de este libro.

Cuando estamos conscientes de los patrones, éstos dejan de operar automáticamente en nosotros y podemos elegir. Pensemos en una típica escena de la vida en pareja: tu mamá le dice a tu papá cómo debe hacer las cosas y descalifica su capacidad, mientras tú observas lo que está sucediendo. En tu infancia aprendiste eso. Por eso, cuando tu esposo te dice que no llevó el auto a verificar y se pasó la verificación, recuerdas las palabras de tu madre acerca de los hombres: "No se puede confiar en ellos, nada hacen bien." Así que, de manera instintiva, le dices a tu esposo lo mismo. Yo quiero enseñarte que puedes elegir otra manera de resolver el tema: sin descalificar a tu pareja.

Construir una relación sana requiere trabajo personal. Hay que ocuparse de los modelos, las heridas, las necesidades, las creencias; todo juega un papel importante a la hora de construir una relación de pareja. Y muchas veces no tenemos idea de la maleta que cada uno carga.

No queremos ni sabemos estar solos con nosotros, no sabemos crear un espacio para construir una relación con nuestros pensamientos, sentimientos, gustos, miedos y todo lo que somos. No sabemos estar en pareja porque no sabemos estar en una relación con nosotros mismos en paz. No basta con saber estar solo, muchas personas lo están, pero sufren la soledad; son personas solas porque no hay de otra. Hay que aprender a estar solo disfrutando, creando un espacio gozoso consigo mismo.

## ¿Cuántos de ustedes han pasado de una pareja a otra casi de inmediato y nunca han estado solos un tiempo?

El amor nace primero en nuestra capacidad de amarnos a nosotros. Y sí, ya sé, suena muy cliché, pero piensa: una persona que no se conoce repetirá los esquemas aprendidos con los padres, porque no ha construido su propio concepto de pareja y tiene ideas erróneas de sí. La mejor forma de saber que somos valiosos y merecedores es conociéndonos. Es muy común que tenemos ideas muy equivocadas de nosotros que nos hacen sentir que debemos hacer mucho para que nos quieran o que no somos suficientes para el amor. Cuando te conoces, te das cuenta de que eres mucho más valioso de lo que crees, sabes que tu valor nace de una relación contigo, con tus necesidades, tu dolor, tu historia, tus cualidades y, créeme, eso nadie te lo enseña. La vida, los fracasos, los éxitos y el aprendizaje de todos los días son tu maestro.

Pudiste haber tenido padres que te amaron mucho y te enseñaron que eres valioso, y eso es muy importante, es una buena base, pero el verdadero amor a uno mismo se construye cuando te miras en un marco de consciencia y respeto por todo lo que eres. Eso es un proceso, es un camino de todos los días, es una forma de vida donde te escuchas y te ves. Así creas una relación contigo.

En general, no tenemos una relación con nosotros, por lo que necesitamos a alguien que llene nuestras necesidades —y sepa qué necesitamos, porque eso de andar diciendo lo que uno necesita es muy complicado y le quita el chiste a todo—, entonces la persona que llega "debe saber" lo que el otro necesita. "No sé lo que quiero, pero lo quiero ahorita." Imagínate. Por un lado, nos rodean parejas disfuncionales y, por el otro, no sabemos relacionarnos con nosotros. Entonces, ¿qué tipo de relación quieres?

Ése era mi caso. No tenía ni la más remota idea de lo que era un amor compañero pero tenía una necesidad enorme de amor y aceptación. Mi primer esposo fue carente afectivo y ausente, como mi padre, pero era lo que yo conocía y confirmaba perfectamente todas mis creencias. Él reafirmaba lo que aprendí en la relación con mi padre ausente: que no merecía ni el amor ni la atención de un hombre. Ésa hubiera sido mi historia si no hubiera trabajado conmigo. Hubiera conocido otros hombres con el mismo esquema, para justificar mi enojo con los hombres, lo cual era el fundamento de todo.

Yo necesitaba estar enojada con los hombres porque no era capaz de reconocer el dolor que viví con mi padre, el dolor de su ausencia, de su falta de protección, de su indiferencia. Entonces, me protegía con hombres ausentes que no ponían en riesgo mis defensas y mis resistencias. Ése hubiera sido mi guion seguro, mi guion perfecto, un guion que no me sacara de mi miedo y que no me comprometiera a sanar un dolor en mi alma o el enorme riesgo de amar a un hombre, con todo lo que eso implica.

Qué miedo volver a amar como amé a mi padre. Qué miedo ser abandonada. Qué miedo esperar como esperé el amor de mi padre y volver a ser traicionada. Mejor malo por conocido, mejor no esperar nada. Mejor elegir de manera inconsciente a las personas que mantengan a salvo mis creencias, con todo lo que ya conozco: ausencia, abandono, indiferencia de mis necesidades.

Buscaba confirmar lo que aprendí con mis padres acerca del amor: la forma en que él amó a mi madre o no la amó, y no sólo por la forma en que me amó o no me amó a mí. Aprendes cómo es el amor de un padre en la forma en que tu padre te amó. Y aprendes cómo es el amor de una pareja en la forma en que tu padre amó a tu madre. Las mujeres lo observamos en nuestro padre y los hombres en su madre. Ése será el esquema de las relaciones.

De las parejas que has tenido, ¿cuántas confirman lo que observaste o viviste con tus padres? Las relaciones más importantes, y muchas veces las más dolorosas, son las que toman el control, las que confirman tus guiones aprendidos, y no nuevas y verdaderas historias que llenan las necesidades afectivas. Esto funciona no sólo para los que tuvimos ausencia afectiva, sino para todos. Unos con más hambre y otros con menos, pero al final, todos buscamos y necesitamos amor.

En mi libro *Hambre de hombre* hablé sobre cómo crear una relación con esa niña necesitada y sanarte de fondo. *Hambre de hombre* es una guía para construir una relación contigo y ser tu propio MA-PA, madre-padre. En este libro quiero hablarte de la segunda parte de mi historia y de lo que he tratado con mis pacientes a lo largo de los años. No importa de dónde vengas ni lo que viviste o aprendiste en tu vida, sé que puedo construir algo sano y pleno para ti. Aquí revelo cómo una pareja puede superar su historia, cómo puede sanar sus heridas y cómo cada uno sana en relación y nunca en soledad.

Cuando amas con hambre repites los esquemas conocidos y, en cada relación, el vacío y la desesperación, así como la desilusión y la desesperanza son cada vez más grandes. Todos tenemos necesidades afectivas. Nos duelen y nos estorban, por lo que las desconectamos y seguimos nuestro camino en un mundo donde sólo hay espacio para trabajar, comprar e ir de prisa compulsivamente. Pero, al final, las necesidades afectivas no desaparecen. Estas necesidades no se llenan con un vestido nuevo ni con un viaje, se llenan con alimento de su misma especie: afecto. Si esto no se atiende, con el tiempo se convierte en un vacío enorme y una desilusión.

Cada relación nueva es un intento por llenar el vacío. Pero si no haces la tarea, si no trabajas para sanar tus heridas, si no construyes una relación diferente contigo, irás de una persona a otra, de un dolor a otro, sin cubrir tus necesidades. Y no es cosa de suerte ni de ganas o buenas intenciones. Al principio parece diferente, pero después los demonios internos toman vida en la relación, emergen y se manifiestan generando otra vez más de lo mismo.

Recuerdo a una paciente que al limpiar su archivo se encontró una carta que le escribió a un ex. Se sorprendió mucho al leerla porque cuando leyó todo lo que le escribió, se dio cuenta de que era exactamente lo mismo que hoy le reclamaba a su actual pareja. ¿Esta historia te suena conocida?

Te propongo que antes de empezar el libro hagas tu propia carta. Escríbele a algún exnovio o a tu pareja actual, cuéntale de todas las necesidades que nunca llena o todo lo que nunca ve en ti. Después, haz otra para tus padres y, por último, una para ti. Verás que el origen de todo es la incapacidad de llenar las necesidades en ti.

"All you need is love" decían los Beatles, y yo estoy convencida de que es así. Pero para recibir amor y cimentar buenas relaciones primero hay que construir un lugar interior a partir de la relación con nosotros. Allí se crea el amor y desde ahí se absorbe el amor que otros nos dan. ¿Quiénes han saboteado buenas relaciones?, ¿cuántos te han querido y a cuántos has abandonado o decepcionado? La verdad es que hacemos cadenas de desamor cuando no tenemos lugar interior para recibir y conectar con la gente que nos ama y que amamos.

El amor es la gran materia de la vida, la gran necesidad y la gran ausencia. El amor es la fuerza que abraza, cura, une, hace crecer, hace que todo lo vivo genere vida. El amor es poder, sanación, reconciliación; también es perdón y consciencia; inspiración, belleza, voluntad e inteligencia. El amor es la razón por lo que estamos vivos, porque el óvulo y el espermatozoide se conectaron a través de la energía del amor. Y no me refiero únicamente al amor de pareja, también a la fuerza de atracción que el óvulo y el espermatozoide necesitaron para unirse, conectar y crear vida. Esa fuerza se llama amor.

La ausencia del amor es miedo, fractura, defensa, destrucción, odio, guerra; es dolor, inconsciencia, instinto y sobrevivencia. La ausencia del amor es materialismo, competencia, rivalidad, carencia y violencia. Parece que describo el mundo de hoy, donde el gran ausente es el amor. Comencemos por conocernos, aceptarnos y respetarnos. Así construiremos ese lugar interior que nos sana y sana todo lo que está a nuestro alrededor.

Este libro te ayudará a conocerte. A partir de una experiencia vivencial podrás sanar las heridas emocionales que no te permiten construir relaciones sanas. Observarás la forma en que se conecta tu experiencia con tu pareja y tendrás la oportunidad de identificar las necesidades que puedes llenar en tu pareja y cómo juntos sanar sus viejas historias.

Creo firmemente que la mejor manera de sanar lo vivido en el pasado es establecer relaciones sanas. Sin embargo, todo esto no es posible si no observamos las películas de dolor que debemos desactivar y cómo acompañarnos en pareja abrazando al niño que ambos traemos, que pide amor y aceptación.

Si tienes pareja, éste será un verdadero viaje para mirarse juntos y reconocerse en sus dinámicas dolorosas e identificar el dolor de sus niños heridos. Y si no tienes pareja, te preparará para saber todo lo que llevas dentro de esa maleta, todo lo que necesitas mirar y hacerte responsable para construir un amor compañero.

Aquí hablaré de cómo las cinco heridas de la infancia conectan con juegos psicológicos, donde sólo buscamos confirmar el infierno que tenemos en nuestras creencias y en nuestros dolores, y te enseñaré cómo salir de esa dinámica destructiva. Si estás en una relación de pareja donde la confianza está rota y no les permite avanzar, éste es el libro perfecto para entender qué pasa y puedas salvar la relación o bien tomar otro camino.

Observarás qué tipo de juegos tienes con tu pareja y las dinámicas tóxicas que estos crean, cómo dejar de elegir esos modos de relación y permitir que el verdadero yo vaya a un encuentro fuera de juegos, sin posiciones de defensa y control.

Aprender a ser responsable es uno de los grandes objetivos de este libro; tener herramientas para que tu niño herido deje de gobernar la relación y tú puedas tomar las decisiones más importantes de tu vida.

La pareja con la que hoy compartes la vida no es un error, es la matemática perfecta para tu aprendizaje. Si logran abrirse y mirarse, dejarán de responsabilizar al otro de lo que les pasa y sanarán juntos su relación, pero sobre todo se sanarán juntos.

"El amor del Niño Herido siembra incertidumbre, el Amor Adulto da certezas."

ANAMAR ORIHUELA

# CAPÍTULO

# 1

# Actos son amor

El amor, aunque es energía, se manifiesta mediante actos concretos. Actos son amor y no sólo palabras bonitas. Nosotros expresamos y sentimos el amor de las personas con las que compartimos la vida por medio de actos que nos acarician, nos llenan el alma y, al mismo tiempo, también llenamos el alma de las personas que nos rodean.

Los cinco rostros del amor son:

1. Aceptación
2. Reconocimiento
3. Afecto
4. Respeto
5. Interés de encuentro

## ACEPTACIÓN

Aceptar a una persona es tener la disposición de conocer al otro y respetarlo con su luz y su sombra. Es una elección: amamos a alguien por lo que es y así lo aceptamos. Mi amor no está condicionado a que llenes mis expectativas, a que seas bueno. Te quiero porque veo tu valor y sé que tienes aspectos que no me gustan, pero no tengo por qué cambiar. Tú eres un todo y yo te acepto y te respeto.

Aceptación no significa que apruebes todo lo malo de una persona. Un acto de amor se expresa cuando no permites cosas que te lastiman o que no te hacen bien de la persona que amas. No es capricho personal ni la imagen de la persona ideal en mi cabeza. No puedes aceptar el comportamiento destructivo, aunque ames a alguien. Por ejemplo, tu esposa es una buena mujer, te quiere y está comprometida contigo. Y tú eres feliz con ella. Cuando ella está enojada, te pendejea y te levanta la voz de una manera que te lastima. Tú la amas, pero te lastima y ése puede ser el motivo por el cual dejes la relación o elijas aceptar esa parte de ella, poniéndole límites claros cada vez que empieza con su tono *pendejeante*. Establecer límites es muy importante, ella debe saber que te duele, te enoja y no se lo vas a permitir.

Aceptar al otro es entender que su comportamiento es parte de su historia y que puedes elegir si vives con esa parte de él o ella. Debes tomar decisiones desde la aceptación de la limitación del otro sin decirle todo el tiempo sus defectos.

Aceptar no es permitir. Aceptar es conocer al otro objetivamente y respetar lo que es. Tú debes elegir si puedes con eso o no, pero dejar de pensar en que si amas al otro cambiará. Deja de ser un experto en fantasear con lo que tu bella presencia hará en la vida de esa persona. Te pones como héroe, pensando en que cambiarás la vida del otro, "porque tú mejor que nadie sabes lo que necesita", y en realidad lo haces porque desde tu falta de amor y respeto propio te encantan los rotos o los descocidos pues sientes que es lo único que mereces.

Aceptar es tener claro que el otro es lo que es, y si te alcanza para aceptarlo sin pelear, con esa parte que no afecte tu integridad, está bien. No podemos aceptar algo que nos daña. Hay personas que se aman mucho, pero no pueden estar juntas porque sus personalidades hacen corto circuito. Por ejemplo, amas mucho a un hombre pero no confías en él. No cumple su palabra y dice mentiras. Eso te pone en un estado de paranoia constante que afecta tu bienestar. Un acto de amor es aceptar esa limitación y elegir si te colocas en un lugar sano ante eso o no. El primer acto de amor es la aceptación, es el reconocimiento de lo que puedes o no lidiar.

## RECONOCIMIENTO

No podemos decir que amamos a alguien si no reconocemos su presencia y su importancia, lo que aporta a nuestra vida, pero también sus necesidades y sus derechos. Con esta idea de matrimonio de "hasta que la muerte los separe", damos por hecho a las personas con las que compartimos la vida. La rutina, los hijos, el trabajo y la cotidianidad hacen que nos demos por hecho y que perdamos la capacidad de reconocer la importancia de la presencia del otro en nuestras vidas.

- ¿Qué te hace feliz de tu pareja?
- ¿Qué te ha permitido esta relación?
- ¿Qué aporta diariamente a tu vida?
- ¿Qué necesidades llenan en ti y tú en él o ella?
- ¿Desde qué necesidad se atraen?

Lo opuesto al reconocimiento es ser ignorado, ser ignorado en lo que das, en lo que eres, en lo que necesitas. Esa es la más grave forma de violencia. A veces no sólo ignoramos lo bueno de la presencia de nuestra pareja, sino también lo descalificamos. La basura que saca en las mañanas, llevar el auto a verificar, el gasto que da, el *lunch* que prepara, el piojito que tanto amas. El ir al supermercado para comprar comida, organizar la casa, dejar a los niños en la escuela, pagar los servicios, compartir la cama, las pláticas. Hay tanto que el otro aporta a nuestra vida que lo perdemos de vista, lo dejamos de reconocer. La vida en compañía es un gran viaje. Reconócelo y agradécelo cada que puedas.

Reconocer es un estado de agradecimiento permanente, es un no dar por hecho, es salir de la inercia donde todos nos colocamos para enfocar lo que mi pareja aporta bueno y hace mi vida más feliz.

Reconocimiento...

...de lo que das a mi vida.
...de lo que necesitas de mí.
...de lo que necesito de ti.
...de que eres mi prioridad afectiva.
...de lo que eres como un todo.

Solemos crecer en familias donde los íntimos reciben lo peor de nosotros, somos amables con todos y en casa nada; ayudamos a todo mundo, pero en casa ignoramos; escuchamos a otros, pero que nadie me hable en casa. Erróneamente nos acostumbramos a maltratar a los que más amamos, cuando en casa está lo mejor de nuestra vida.

# AFECTO

¿Tú sabes dar afecto? Dar afecto es vincularte con el verdadero *yo* del otro en una intimidad. Es una forma de contacto cálido y presente. Dar afecto es tocar, mirar y reconocer. Desde una caricia física hasta una caricia verbal, como: "Qué guapo te ves hoy." "Hoy te ves especialmente linda." Las caricias son de muchos niveles.

- Físicas: tocar, abrazar, tomar la mano, hacer el amor.
- Verbales: halagos, agradecimiento, reconocimiento, compartir con el corazón.
- Intelectuales: pensar bien en el otro, pensar con respeto, amor y alegría.

Hace muchos años un paciente fue a verme destrozado porque su esposa lo había dejado y él la amaba profundamente. "Ella era todo para mí. Yo le daba todo lo que tenía, trabajaba como loco para que no le faltara nada, ella administraba todo mi dinero, la mantenía como una reina y se fue." Se fue porque le daba afecto mediante el dinero y ella necesitaba caricias, abrazos, cariño, quería que le demostrara sus sentimientos. Él no supo hacerlo. Al final, ella se cansó de esperar y se fue. No dudo que lo amara, pero nunca puedes amar a alguien mutilando una parte de ti, eso te pondrá en guerra contigo y con el otro.

Hay que aprender a dar afecto. Es una disposición a estar y crear una plática, un espacio de caricias, de palabras afectuosas, un mensaje coqueto por WhatsApp. El afecto es la expresión física, verbal e intelectual de lo que se reconoce del otro. Muchas veces somos conscientes de todo lo bueno que la persona es o tiene, pero nunca lo decimos. Afecto es decirlo y hacerlo.

Afecto es generar intimidad. Hablar con el corazón, mirarse a los ojos y dejar de hablar de los hijos, de las vacaciones o del trabajo. Hablar de nuestros sentimientos, de nuestros miedos, de nuestra historia y compartir lo que somos en una forma muy vulnerable y abierta. El afecto se toca, se escucha, se actúa y nutre de fondo cualquier relación.

# RESPETO

El respeto es el pilar de una relación de pareja porque es una forma de expresar confianza y compromiso. Respetar es admirar, dar espacio, comprometerse con lo que es importante para los dos. Es una voluntad por no lastimarte y cuidarte. Respeto es entender que el otro es un individuo con derecho a tener sus propias ideas, habilidades, visiones, necesidades. Con derecho a ir a su ritmo, elegir cómo lo hace, pensar como quiera, equivocarse y aprender del error.

Nadie respeta a una persona si no se respeta ella. Si eres una persona que se pelea con sus errores, que quiere controlarlo todo, que no permite que las cosas y las personas sean diferentes de como las piensa, tienes un gran problema que se llama falta de respeto hacia ti.

Para crecer hay que respetar un compromiso con mi palabra y con mis actos. Por ejemplo, si quedo en algo y doy mi palabra, tengo que hacer todo lo posible para cumplir porque no hacerlo es una falta de respeto; primero, hacia mí, porque falto a mi palabra y, segundo, hacia la persona que confía en que yo iba a cumplir. ¿Qué sientes cuando alguien queda en cosas que no cumple? Pierdes el respeto y la confianza, dos ingredientes fundamentales del amor. Una de las cualidades que más admiro de mi esposo es su capacidad de cumplir con lo que dice, eso me hace respetarlo mucho y esforzarme por cumplir de la misma forma.

Respetar el tiempo del otro, el dinero, la confianza, es cuidarlo porque lo valoras y eres consciente de eso. Hay que respetar lo que somos. Todos tenemos comportamientos que no son del todo luminosos, de pronto somos muy oscuros o caóticos, y podemos odiar esa parte de nosotros o de nuestra pareja. Por eso hay que respetar los infiernos que cada quien vive. Siempre trato de pensar en esto: "Este comportamiento que odio lo tengo que ver de vez en cuando y esa persona lo tiene que vivir siete por veinticuatro." Si tu esposo es un desorden y tú odias eso de él, su desorden lo acompaña en todo y eso hace de su vida algo muy complicado, aunque no parezca.

Cuando sabes que algo le duele a tu pareja o lo limita en su vida, y lo respetas, harás lo que dependa de ti para no lastimarla y cuidar esa parte de ella. Para eso sirve el respeto, para ser cuidadosos con el dolor y las heridas de nuestra pareja, porque la conocemos y la cuidamos. No seré yo quien lastime esa parte de su alma.

## INTERÉS DE ENCUENTRO

Este aspecto me parece importante por ser un rostro del amor. Me interesa verte, tengo espacio en mi vida para ti. Vivir con alguien no es ver a alguien. Una pareja puede vivir junta por años pero sin verse. Interés de encuentro es crear espacios tú y yo. Que haya iniciativa y disposición para ir a cenar, platicar, estar en la intimidad, llamarse.

Saber que el otro preparó algo especial para los dos, vivir un momento divertido o íntimo, una escapada a la playa. Que sea algo que ambos busquen, de ida y vuelta, no sólo que siempre sea uno quien tome la iniciativa, sino que ambos busquen sorprenderse y encontrarse.

Este interés de encuentro es muy importante, sobre todo cuando ya se ha conformado una familia y los hijos, el trabajo, la cotidianidad hacen que actúen como *roomies*. El eje de una familia es la pareja; si la pareja está bien, la familia estará bien; si te olvidas de la pareja por ver a tus hijos y tu familia, entonces la pareja se debilitará y todo podría acabar.

El interés de encuentro es crear un espacio para reírse juntos, probar cosas nuevas, hacer travesuras, sacar al niño o al adolescente interior que los une y les recuerda por qué se eligieron el uno al otro. Si no hay esa disposición de encuentro, de novios, entonces un día serán perfectos desconocidos que sólo están por sus hijos y sin ellos nada existiría entre ambos. La disposición es de dos, y saber que tu pareja lo busca también es una forma de acariciar. En las agendas deben considerarse los espacios para estar juntos y nutrir la complicidad.

Nos hacemos tan adultos y con tantas ganas de crear un patrimonio, de ser buenos padres, buenos proveedores, que establecemos relaciones de verdadera flojera. Somos los papás y la pareja que fue antes se pierde. La parte divertida, traviesa y espontánea se muere. Lo que conecta a una pareja es el niño libre de cada uno, ese verdadero yo que está en el interior y que necesita espacio para manifestarse. La naturaleza, un concierto, una travesura en el estacionamiento del cine, son los pretextos perfectos para sacar esa parte. No hay que ser taaan adultos todo el tiempo. Hay que tener momentos de todo, eso hace que la vida en pareja sea una gran aventura.

El amor sí tiene formas de verse por medio de los actos. Todos los incisos descritos son formas del amor que nos hacen sentir unido al otro, que hacen que la relación de pareja sea muy nutritiva y nos permita sentir que tenemos un compañero o compañera con el que contamos. Mi cómplice, la persona que mejor me conoce, con quien puedo sentarme a llorar totalmente roto porque algo me duele, con quien construyo un aliado de vida que me cuida y lo cuido. Hay que desaprender las formas nocivas y empezar de cero.

La aceptación, el respeto, el afecto, el reconocimiento y la disposición a estar son aspectos que puedes dar de manera más auténtica si los ejercitas contigo. Estos rostros del amor se cultivan en ti y eso permite que cuando lo hagas con tu pareja sea más de fondo y no sólo una estrategia para que te quieran. Hay que aceptarnos como somos, respetar lo que somos, ser afectuosos con nosotros, reconocer lo que hacemos bien, lo bueno que hay en nosotros y la disposición a crear espacios de diversión. Soy feliz, me nutro, practico lo que más me gusta. Esas formas de trato contigo crean el espacio interior, el lugar donde nace todo buen amor.

# 2

# Amar con hambre

*El amor inmaduro dice: te amo porque te necesito.*
*El amor adulto dice: te necesito porque te amo.*

ERICH FROMM

**A**mar con hambre es:

1. Creer que el amor se da por lo que haces y nunca por lo que eres.

2. No saber recibir, nada es suficiente, hay un vacío muy profundo.

3. Tener altas expectativas de tu pareja, por lo que te decepciona con facilidad.

4. Ser una pareja cometa: gira en torno a sus parejas y se olvida de sí.

5. Sentir el amor como una montaña rusa de confusión, dolor, miedo, celos, inseguridad, pasión.

6. Nunca estar en el aquí y ahora en la relación, siempre en el pasado o en el futuro, pero nunca en paz.

7. Utilizar lo superlativo para definir la conducta: nunca, siempre, todo, nada.

8. Odiar la incertidumbre y controlar todo para sentir una seguridad que nunca es suficiente.

9. Pensar que el otro o la otra no tiene derecho a nuestro espacio personal.

10. Reclamar a tu pareja; éste es un claro reflejo de lo que le reclamas a tu padre o madre: "No me cuidas, no me ves, no te importo, me abandonas."
11. Sacrificarte por complacer, pero ojo: amar es dar, rescatar y permitir.
12. Crear historias en tu cabeza e irte "hasta la cocina" cuando sólo han salido a tomar un café.
13. Volverte obsesivo y la mayoría del tiempo estar pensando en él o ella.

Buscar una pareja desde una posición de hambre es como ir al supermercado con hambre o comer con mucha hambre o cualquier realidad donde se parte de la carencia. Cuando la condición carencia opera o gana en ti, saldrá tu instinto, tu parte más irracional e impulsiva.

Si creciste con ausencia afectiva, tendrás abandono afectivo. La ausencia afectiva se presenta cuando se exige demasiado y no se permiten equivocaciones; cuando te sientes fuera de lugar en la familia; cuando te avergüenza la condición familiar; cuando creces con poco contacto físico; cuando hay caos en tu familia, silencios e indiferencia; cuando no se ponen límites y no hay espacio para ninguna privacidad; cuando los padres son Padres-Niños, llenos de carencias e incapaces de dar afecto con muchas necesidades, tal y como lo expliqué en mi segundo libro: *Transforma las heridas de tu infancia.*

Todos tenemos partes heridas en el alma. Por un lado, estas heridas son heredadas de nuestros padres, desde los dolores que ellos también heredaron de sus padres, o se van repitiendo en cadena familiar. Exilios, pobreza, abandono, muertes, abusos etcétera. Todas ellas pueden ser heridas de la familia, que nunca se resolvieron y han gobernado las decisiones de generaciones enteras desde el inconsciente. Por otro lado, hay heridas producto de experiencias traumáticas propias, que no se han podido sanar y gobiernan nuestra vida desde el inconsciente.

El trauma se resuelve expresando el dolor, aprendiendo de él y validándolo como parte del aprendizaje. Todos vivimos dolor. Eso no quiere decir que ese dolor nos traumará para toda la vida; la gran diferencia de un dolor que no genera trauma es el espacio de empatía, contención y aprendizaje que puede darse en torno a ese dolor. Por ejemplo, si un niño vive la pérdida de su mascota y se le acompaña a sanar esa pérdida permitiéndole expresar su dolor, haciéndole sentir que su tristeza es permitida, dándole cariño y ayudándole a entender lo que pasó, hablándolo. Ésta será una experiencia significativa en su vida y sumará a su experiencia, no restará a su manera de estar en la vida. Está bien sentir dolor, no hay que ir neuróticos a comprar otro perrito para que el niño ya no llore. Hay que ayudarle a procesar la experiencia porque si se distrae con otra cosa, no se resolverá y se quedará como un trauma que perdurará por años o se definirá una forma neurótica de resolver los conflictos, sustituyéndolos o comprando.

¿Cuántos de ustedes recibieron de sus padres acompañamiento para procesar dolor? Experiencias como cambios de escuela o de casa, divorcios, enfermedades, muertes. Hay muchas experiencias que duelen en la vida, y lo que suele pasar es que toda la familia se queda callada, se hace de la vista gorda o no permite que se hable del tema. Cuando no hemos desahogado dolores del pasado, estos están atrapados en nuestro cuerpo emocional y consumen gran parte de nuestra energía creativa.

Recuerdo a una querida paciente que vivió una experiencia dolorosa que procesó años después de haberla vivido. Su padre era alcohólico y un día al regresar de Cuernavaca tuvieron un accidente muy fuerte en la carretera, pues él iba bajo el influjo del alcohol. Su padre y una de sus hermanas murieron en el accidente, lo cual fue un proceso sumamente doloroso. Una vez que su madre y ella salieron del hospital, su madre jamás quiso hablar del tema, no permitía que se hablara casi nunca de su padre y mucho menos de su hermana. El dolor, el enojo y la culpa se quedaron atrapados por años, hasta que ella lo desahogó en terapia. Ese suceso no sólo mató a su padre y a su hermana, también acabó la relación de ella con su madre, pues por aquél suceso trágico se rompió totalmente hasta su muerte.

Nuestra cultura sataniza, niega o evade el dolor con ideas como: "No llores, llorar no resuelve nada." "Si lloras, te voy a dar un verdadero motivo para llorar." "Los hombres no lloran." "Llora el día que me muera." "Cállate y deja de llorar." Llorar es importante porque desahoga el dolor, te permite tomar mejores decisiones, te hace consciente de algo que tienes que aprender, cambia rutas de vida. ¿Cuántos de ustedes han cambiado su vida a partir de un dolor? Buda decía: "El dolor es un vehículo de consciencia", sólo cuando se desahoga y se aprende de él, pues cuando se traga no muestra sus aprendizajes.

He escrito y hablado profundamente acerca de las heridas de la infancia en mi libro *Transforma las heridas de tu infancia*, si deseas profundizar en ellas y conocerlas mejor, te recomiendo su lectura. Es una guía práctica para conocerlas y sanarlas. Una persona que no conoce sus heridas está condenada a repetir su historia de dolor una y otra vez. La pareja es el lugar más común para repetir estas historias dolorosas, la pareja es el motivo perfecto para "retraumatizarnos" o sanar el dolor del pasado. Todo es una elección, si estás consciente podrás elegir, si no, las heridas elegirán por ti.

# EL DIABLO PERFECTO PARA TU INFIERNO

Es increíble la forma en que atraemos a personas que representan de una manera magistral nuestros infiernos o dolores. En una fiesta de cien personas te atrae el hombre o la mujer que representa perfecto todo lo que te duele del amor.

Cuesta trabajo entender lo que no podemos tocar ni ver. Detrás de todas las realidades que vemos y tocamos, hay una realidad energética mucho más grande. Nos atraemos desde un campo energético que no vemos, pero que opera con mucho más rapidez que la velocidad de la mente para darse cuenta. El campo energético decide cosas antes de que la mente se entere. En mis talleres he visto por años que las personas se sientan con base en frecuencias similares u opuestas. No saben cómo, pero se sientan con espejos de ellos.

Todos tenemos un estado vibratorio en sintonía con nuestros pensamientos, sentimientos, actos, y de acuerdo con la evolución de nuestra alma. Nuestra alma, nuestro ser o la parte de Dios en nosotros también emite una frecuencia. Es como el cascarón y la sustancia. Todo tiene energía en diferentes niveles y nuestra capacidad para observar todo lo que pasa en el plano energético es casi nula. Estamos muy atados a los ojos materiales y hoy no tenemos la capacidad de hacerlo a menos que lo desarrollemos con un trabajo constante, humilde y amoroso en contacto verdadero con el alma o el ser que es la verdadera sustancia.

Entiendo que para algunos estoy hablando en chino y para otros tendrá mucho sentido lo que estoy diciendo. Sé que no es fácil comprender que todo lo que pensamos, sentimos y hacemos tiene una frecuencia. ¿Cuántas veces te ha caído mal una persona sin conocerla? No entiendes por qué, pero no te cae bien. Esto es debido a su frecuencia, puede ser que tenga una frecuencia opuesta a la tuya, negativa o similar, pero emite una frecuencia que percibes.

Los terapeutas, sanadores, doctores sensibles, desarrollamos esta herramienta, no como la mayoría que se cree Dios, se aleja al cielo y pierde contacto con sus pacientes. Todas las personas que están en contacto con otros de manera interesada y constante desarrollan la capacidad de darse cuenta de las frecuencias en que vibramos todos.

Las parejas con las que te has vinculado a lo largo de tu vida vibran en frecuencias complementarias a la tuya. Cuando pienso en las atracciones energéticas, pienso en la regla de los signos. Por ejemplo, cuando se multiplican o dividen dos números con igual signo, el resultado es positivo; si los signos son distintos, el resultado es negativo. En la práctica lo traduzco así: una persona que ha crecido rápido porque no tuvo oportunidad de ser niño fue padre de sus padres, ha salido adelante con sus propios recursos, siempre rescata y resuelve vidas, vibra en frecuencia (+) porque es activa y generadora. Tenemos otra persona con una historia diferente: es la menor de los hermanos, siempre la han protegido, su mamá la trata como niña, esa persona tiene frecuencia (-), es más pasiva en todo.

Una persona con frecuencia más atrae personas con la misma frecuencia o con frecuencia opuesta, que es frecuencia menos. Esas frecuencias también tienen  volúmenes y colores en relación con las emociones que experimentamos. Cuanta más alta sea tu frecuencia, más llegarán a tu vida personas con una alta frecuencia más o con una alta frecuencia menos, en relación con el color y la intensidad del volumen y el color con que expresas esa energía. Con esas personas conectarás más. Esto se trata de un fenómeno energético complejo, pero nos puede ayudar a entender, por ejemplo, por qué una persona que es súper resolutiva atrae personas muy pasivas a su alrededor o tiene hijos que termina cargando a los 40 años.

De tal manera, no hay errores con las personas que conectamos, todas son atraídas desde un espejo vibracional y cumplen una función que necesitamos. No importa si estudiaste un doctorado o si no terminaste la primaria, si eres rico o no tienes ni un centavo, las frecuencias están determinadas primero por el Ser de la persona y después por los estados físicos conformados por los pensamientos, las emociones y los actos.

El Ser es la sustancia o la esencia que nos hace semejantes a Dios. ¿Recuerdan la frase cristiana: "Dios nos hizo a imagen y semejanza suya"? Todos tenemos un rostro de la divinidad en el interior que busca expresarse en la vida mediante un vehículo digno que lo pueda reflejar. Ese vehículo es la personalidad, la mente, las emociones, el cuerpo, los actos. Sin embargo, cuando tenemos una mente caótica, un cuerpo emocional lleno de dolor, y generamos actos destructivos, tenemos un vehículo inapropiado para manifestar el Ser ya que el Ser es luz, amor, armonía y belleza. La vida es un constante pulir el vehículo para que pueda expresar el Ser que todos tenemos en el interior y que nos hace uno. La trampa es que nuestra personalidad es diferente y pensamos que somos únicos e irrepetibles, pero en realidad todos tenemos el mismo Ser, la esencia divina que hay en todo lo vivo; plantas, animales y minerales tienen esta sustancia divina.

Esto, más que una teoría, es algo que he vivido en carne propia. Hace algunos años yo era caótica en casi todo. Sentía que el mundo estaba en contra mía y tenía que desconfiar de todo. Me sentía enojada, quería que todo fuera de prisa y me amenazaba sentirme vulnerable. Conforme he pulido mi personalidad o vehículo, cada vez más me expreso con confianza y libertad. Hoy no dirige mi vida la vergüenza, producto de la soledad y la desprotección en mi infancia. Un día elegí sanarme y he ido caminando en esa promesa desde hace ya casi veinte años. Recuerdo el momento que lo decidí porque compré una escultura pequeña de bronce de la Madre Isis, una diosa egipcia. Ese día me comprometí conmigo a crecer y desde entonces no he dejado de buscar eso en mi vida.

Un día, sin darme cuenta, me alcanzó para más. Nunca perdí el enfoque y encontré un camino que me dio una contención maravillosa para logarlo. Viví muchas experiencias de diferentes tipos: rompimientos, un divorcio, pérdidas, el nacimiento de mis hijos, experiencias que me forjaron. Me fui integrando porque elegí aprender y dejar de sentirme una víctima de mi circunstancia. Eso es lo más valioso, porque me ayudó a crecer, a dejar de verme con lástima.

Creo profundamente que todo lo que nos pasa en la vida, las personas que llegan y todo lo que vivimos es lo que nos toca para aprender algo. En todo hay matemáticas, podemos obtener un aprendizaje que nos permita que cada día vaya alcanzando para más. Quizá muchos de ustedes hoy tienen una pareja o una circunstancia que les parece un error, los frustra, los enoja, los asusta, esa circunstancia es positiva cuando te mueve a cambiar o a vencer algo.

La relación de pareja es un gran espejo de algo que tienes que sanar y transformar. Por eso, no hay parejas que no vivan fricciones, conflictos y situaciones que los muevan de donde están. Hay poco amor compañero y, por lo tanto, muy poca consciencia de quiénes somos. Por eso repetimos patrones sin preguntarnos cómo acompañarnos para ser felices.

Sanar tus heridas en pareja es una gran opción cuando ambos son conscientes del dolor que cada uno vive, de los asuntos que les duelen en relación a sus padres y su historia. Deja de pensar que el bueno o la buena no ha llegado. El bueno es quien reconoce sus fallas, que hace algo para mejorar, que está comprometido contigo. Ese es el bueno. Hay que elegir con toda el alma que sus dolores no lastimen su relación y la única forma de lograrlo es creciendo como individuos.

Cuando creces como individuo, llenas tus vacíos, eres responsable de tu persona, haces una vida llena de elementos que te llenan y te hacen bien a ti. Una persona que depende de su pareja para tener afecto está condenada a necesitar y no a amar. Hay que hacernos padres de nosotros en un proceso paciente. Estar consciente de que estás acompañado de una pareja imperfecta pero tú no eres responsable de eso.

Nos atraemos por crecimiento, esto no quiere decir que haya que permitir todo lo disfuncional que son juntos. El aprendizaje puede ser: no permitir, aprender a soltar, perdonar, confiar en el otro, no controlar, ser independiente, recibir y hasta saber cuándo terminar. Tener la pareja que necesitamos no es para dejar que las cosas sean defectuosas, sino para aprender juntos a ser felices con lo que tenemos.

El gran reto de estar en pareja es que las personalidades de ambos sean el vehículo perfecto, armonizado y lleno de respeto el uno por el otro para que el Ser de ambos se conecte. Sólo entonces podremos hablar de amor. Cuando el vehículo de ambos deja de lastimar, aunque sea por momentos, deja de criticar o descalificar, de controlar o rechazar, cuando seguro y vulnerable permite que el Ser se exprese y se viva esos momentos que quizá hemos vivido con algunas personas, no sólo parejas, amistades, hijos, etcétera. Nos marca la memoria, nunca podemos olvidar, porque tocar el amor con otra persona es lo mejor que nos puede pasar en la vida. El tiempo se detiene, la personalidad no estorba y son el uno con el otro. ¿Recuerdas la última vez que viviste algo así y con quién pudiste hacerlo?

Una personalidad o un ego muy heridos no permiten que el Ser se exprese. Es una personalidad llena de defensas, llena de miedo y llena de dolor. Es fundamental aprender a escuchar nuestro dolor, conocernos y amarnos porque eso hace que la personalidad deje de sentirse indigna. Cuando abrazas tu defecto, creces; cuando aceptas tu sombra, se hace luz; cuando amas tu verdad, te haces uno contigo y con otro o el todo. Aceptarnos nos hace vibrar en amor y eso baña la personalidad de algo que no conoce. Regularmente, se llama respeto, aceptación y amor, los elementos perfectos para que se exprese el Ser.

Lo más amoroso que podemos vivir es la aceptación de lo que somos; que una persona acepte y ame lo que somos y que nos acompañe, claro, sin permitir que le demos patadas, pero que nos haga saber con amor que no necesitamos lastimar o maltratar. Y sólo lo podemos hacer cuando hemos vivido eso con nosotros mismos. ¿Cuántos de ustedes se siguen amando en los momentos donde más se han equivocado? ¿Cuántas veces te has abrazado sin autolástima y con respeto por tus limitaciones e incapacidades? Amarnos requiere de un proceso: trabajo, paciencia y enfoque. Hazte la promesa de lograrlo y un día alcanzará para más y serás un bálsamo para ti y para otros que necesiten saber que no tienen que ser perfectos para ser amados.

Amar sin hambre es:

1. Vivir en un sano dar y recibir.
2. Aceptarte, caerte bien, estar bien contigo y no estar en guerra contigo.
3. Tu pareja te hace crecer y tú a ella, su autoestima crece a tu lado.
4. Saber poner límites y pedir claramente lo que necesitas con respeto.
5. Agradecer lo que recibes; respetas y valoras lo que el otro comparte en tu vida.
6. Saber que el otro es o no es más allá de ti, tú no eres responsable de todo.
7. Vivir una sana aceptación de lo que el otro es, con su luz y con su sombra.
8. Saber ser vulnerable, vincularte, vivir intimidad empezando contigo.

9.  Tener un claro espíritu de autoconocimiento, saber escucharte y estar solo.

10. Estar en paz en tu relación y no consumir tu energía creativa.

11. Conocer tus heridas y hacerte responsable de tus necesidades.

12. Dar libertad, amarte tanto que sabes que estar contigo es valioso para otros.

13. Saber mirar al otro, vivir con ternura y tener claro que tienes un compromiso con otro ser.

# 3

# Guiones de vida

Hace poco escuché una entrevista que le hizo Martha Debayle a Guillermo del Toro. Dijo algo que simplemente me encantó y comparto desde hace mucho tiempo: "En tu locura o en tu defecto está tu fuerza." Es un pensamiento muy profundo porque confirma que cada persona es diferente, que no hay que querer encajar en lo que se considera normal o bonito. Debemos saber que dentro de tus mundos raros y oscuros hay fertilidad y está tu esencia. Pienso que gracias a que Guillermo del Toro aceptó y se relacionó con su mundo interior, que le parecía fuera de lo común y lo hacía sentir una persona rara, gracias a que lo aceptó y lo hizo parte de él, pudo encontrar su don en esa locura.

Así son las heridas que traemos en nuestra alma. Las heridas son el elemento que nos permite evolucionar cuando nos acercamos a ese dolor, lo aceptamos y aprendemos de él. Sin embargo, cuando están en la inconsciencia, gobiernan nuestras vidas y nos hacen pasar la vida con miedo, con defensa, sintiéndonos fuera y no pertenecientes a nada. Separados y aislados de los demás, pero, por otro lado, llenos de necesidades y con gran hambre de afecto.

Las heridas nos hacen sentir avergonzados de quienes somos y nos llevan a reproducir la misma realidad de carencia y dolor una y otra vez en nuestra vida porque no podemos avanzar a algo diferente, pues el dolor no ha sido resuelto, la "locura" no se ha integrado a la consciencia.

La mayoría de los conflictos en las relaciones se llama herida primaria. Esa herida duele, sangra y no quiere volver a ser lastimada, por lo que evitará todo lo amenazante. Esas heridas nos hacen actuar desde el instinto y la impulsividad. Hay tanta vulnerabilidad en una relación de pareja, que es donde más se suben las defensas e interpretamos lo amenazante.

Todos traemos una película de dolor primario. Todos tenemos un tipo de guion en nuestra cabeza donde los personajes pueden cambiar, pero la historia es la misma. Por ejemplo, si aprendí a conocer a las mujeres por medio de mi madre, una mujer que siempre me criticó, me hizo sentir malo y me descalificó, ése será un doloroso guion que me seguirá en la relación con las mujeres. Y cada que interprete que una mujer me está descalificando, los mecanismos de defensa de mi guion se activarán.

Nuestra historia se va escribiendo en un guion los primeros siete años de nuestra vida. Ese guion está sostenido sobre todo por el dolor que vivimos o que vivieron nuestros padres. Ese dolor tiene un gran peso en la memoria, primero por sobrevivencia. No olvidamos fácilmente algo que nos hizo tanto daño. Pero también porque no está resuelto y liberado.

Resolver un dolor es re-experimentar lo que te dolió acompañado de tu Adulto. Tu Adulto es la parte más consciente de ti, tiene la capacidad de abrazar tu dolor y encontrar crecimiento y aprendizaje en esa experiencia.

La maravillosa vida se encarga de traernos las oportunidades para destapar el dolor y resolverlo, pero somos tan inconscientes y nos da tanto miedo re-experimentar lo que nos dolió, que solemos negarlo, evadirlo, racionalizarlo, pero nunca sentirlo y aprender de él.

Una pareja que se relaciona a partir de sus heridas, todo el tiempo reproduce el dolor de su guion y sólo se re-traumatiza una y otra vez, atrapada en un infierno donde no hay salida. Por un lado, no pueden dejar la relación porque hay una adicción a todos los sentimientos que se provocan uno al otro. Estas relaciones están llenas de instinto, de emociones adictivas y de dolor. Y, por otro lado, no saben estar juntos sin lastimarse y defenderse uno del otro. Celos, control, ansiedad, miedo, enojo, ira, pasión, desconfianza, son las emociones más comunes de este tipo de relaciones.

Los guiones también son complementarios. Observa estos dos guiones: Manuel tuvo una madre que lo hizo su esposo desde que era muy chiquito. ¿Cómo lo hizo? Lo utilizaba para llenar sus necesidades afectivas, ya que su padre nunca las llenó. Manuel siempre sintió la responsabilidad de hacer feliz a su madre y se comprometió con ella desde su inocencia de niño. Aunque tenía una gran lealtad con su madre, también le pesaba. Una parte sana de él se sentía atrapado y enojado con ella por hacerlo responsable de esto. En su guion, Manuel no confía en las mujeres y le causa conflicto el compromiso, ya que adquirió uno con su madre en un momento que no estaba listo para comprometerse con nadie. Manuel conoce a Paty en una fiesta. Ella creció con un padre piloto aviador, que se la pasaba viajando y nunca estaba en casa. Él no llenaba las necesidades afectivas ni de Paty ni de su madre. La madre de Paty también la hizo responsable de llenar sus necesidades y darle un sentido a su vida; Paty tenía un matrimonio energético con su madre.

Manuel y Paty no lo saben, pero tienen muchas cosas en común: están comprometidos con sus madres, que los hicieron responsables de sus necesidades, ambos tienen padres ausentes, etcétera. ¿Qué realidad configura estos guiones? Ellos llevaban seis años de novios. No había señales de matrimonio pero, sin planearlo, ellos tuvieron un hijo. Paty vive con sus papás y Manuel con los suyos. Las mamás de ambos toman muchas decisiones de su vida y ellos no pueden quitárselas de encima. Ellos se quieren y son muy afines en muchas cosas, pero tienen mucho miedo de soltar lo seguro, dejar a sus padres y construir una familia comprometidos el uno con el otro. Manuel está ausente en la vida de su hija porque no vive con ella. Con eso ambos confirman sus guiones de padre ausente. Finalmente, las necesidades de ambos no están llenas, tal cual aprendieron a vivir desde niños. Este guion se complementa perfecto, ya que ambos juegan papeles en su historia. ¿Cómo se puede salir de ese guion? Te presento la historia desde el rompimiento de los patrones.

Manuel trabaja terapéuticamente la relación con su madre y entiende que él no tiene ningún compromiso con ella. Hicimos un divorcio energético muy doloroso, donde él observa a su niño sintiendo a su mamá sola y llena de necesidad. Manuel elige que él no es responsable de eso, que él es su hijo y toma su lugar en la relación. Esto le permite ser el hijo y dejar de sentirse responsable de ella. Trabajamos con el dolor de la ausencia de su padre. Él se da cuenta de que está repitiendo el patrón con su hija, pues de alguna manera la está abandonando también. Lo mejor es que desde un lugar muy sentido elige no hacerlo más. Buscó un trabajo que le permitiera ganar más dinero porque dependía mucho de su mamá en todos los sentidos, era la forma en que ella lo ataba. Ahora él se hace más autónomo cada vez.

Paty también hizo su trabajo. Se dio cuenta del tipo de relación que tenía con su mamá. A ella le costó más trabajo, porque se sentía en deuda con su mamá y se había prometido que nunca la dejaría sola. Esas son decisiones que uno toma desde el niño que fuimos y desde ese lugar interior hay que re-decidir terapéuticamente y hacer un trabajo profundo en una terapia. Si sólo cambias el comportamiento, sin considerar las promesas del niño que fuiste, los cambios serán una lucha contra ti mismo.

Ella agradece lo que su madre le dio y tiene muy presente a su mamá, pero con límites y haciendo que respete su maternidad y su vida. Ella se hace responsable de su hija para que su madre no se sienta con derecho sobre ella. La relación que construye es de abuela de su hija y no de mamá. Ambos se divorciaron de sus madres desde la consciencia y el amor, y no desde el enojo. Si hubieran hecho esto mismo sin trabajo terapéutico, se hubieran alejado de sus madres con pelea, castigo y enojo; hubieran sentido dolor por haberla traicionado o abandonado cuando su madre hizo tanto por él o ella.

No es una cuestión de forma, es una cuestión de sanar a fondo. En esta situación, muchos hubieran mandado muy lejos a su madre de sus vidas, sin considerar que una parte de su interior ama y agradece todo lo que ella hizo por él. No se trata de abandonar a los padres, rechazarlos o ignorarlos. Eso no es sanar, eso es defenderse de ellos. Todos amamos a nuestros padres cuando somos niños. Hay que honrar el amor y el agradecimiento del niño que hay en nosotros. Cuando los abandonamos es como una traición a nosotros que, al final, nos puede costar desde enojo hasta el sabotaje de nuestra relación o nuestra paternidad. Por ello, hay que trabajar con el niño que llevamos dentro, quien es el dueño del guion aprendido. Ésa debe ser nuestra mayor prioridad.

No es sólo entender lo correcto y hacerlo, es, sobre todo, acompañar al otro yo, al que no entiende razones, al que tiene una promesa que hizo de niño, al que necesita, al que se siente desprotegido y sin recursos.

## PREGUNTAS DEL GUION

- ¿Reconoces cómo es tu guion?
- ¿Qué tipo de historias repites?
- ¿Qué compruebas una y otra vez de los hombres o las mujeres a través de tu guion?
- ¿Qué necesidad nunca se llena en tu guion?
- ¿Qué es lo que más duele en tu guion?

# 4

# Niveles de consciencia

Todos tenemos lo que se le llama en muchas corrientes psicológicas un Niño Interior, el pequeño yo que está en la memoria de nuestro cerebro reptiliano, la parte más primitiva e instintiva de nuestro cerebro que contiene la experiencia de los primeros años de vida. Científicamente se ha comprobado que el Niño Interior es la parte más instintiva y animal. Se le llama reptiliano a ese cerebro por la relación que tiene con el cerebro de los reptiles. Cuando somos gobernados por nuestras heridas primarias, estamos dirigidos por esta parte de nuestro cerebro que es irracional, impulsiva, necesitada. Por eso, cuando nos sentimos lastimados, hacemos cosas irracionales e impulsivas de las que podemos arrepentirnos después.

Desde que nacemos hasta los dieciocho o veintidós años aproximadamente operamos con este cerebro. Dice mi amigo, el doctor Eduardo Calixto (con quien estoy en deuda por todas las veces que ha despejado mis dudas respecto a la función del cerebro), que en las mujeres opera hasta los dieciocho y en los hombres hacia los veintidós. Después de esta edad empezamos a tomar decisiones regidos por la neocorteza, que es la parte más sofisticada de nuestro cerebro. Me imagino que hasta esa edad la madurez nos da para operar menos desde el instinto reptiliano o sobreviviente y más desde la razón y la inteligencia.

Ejemplos de reacciones reptilianas son: te bajas del coche llena de enojo con el auto andando..., le dices a tu pareja las peores palabras para lastimarlo..., rompes un vidrio con el puño, golpeas, gritas..., le das celos a tu novio con su hermano..., te acuestas con su mejor amigo para vengarte..., sales a las 3:00 a.m. para buscarlo en los bares de la ciudad. Todas estas reacciones son operadas desde el instinto que podría hacer igual cualquier ser irracional del planeta Tierra. ¿Recuerdas tus reacciones reptilianas?

El análisis transaccional lo representa con este esquema:

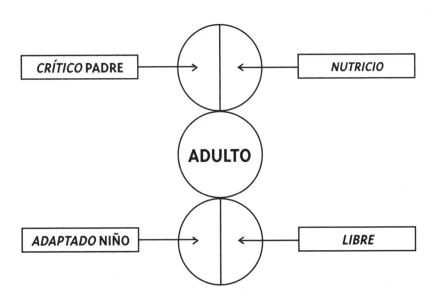

Es muy interesante la visión del análisis transaccional porque ilustra los tres estados del Yo como voces en tu cabeza nutridas por distintas figuras y modelos de tu vida.

El estado Padre es una voz en tu cabeza que piensa y actúa en relación con los valores que aprendiste en las figuras de autoridad de tu vida: tus padres, un abuelo, un jefe, una religión o tu terapeuta. Todas aquellas personas que son una figura parental y de autoridad en tu vida y que hoy escuchas en tu cabeza como tu propia voz.

La voz del Padre tiene dos rostros: el rostro de un Padre Crítico, una voz muy perseguidora de ti. Cuando tuviste modelos de autoridad rígidos, críticos, severos, que no te dieron el derecho a equivocarte, esta voz en tu cabeza se escucha mucho y muy seguido. El Padre Crítico es muy importante porque es la voz de tu cabeza que te da estructura, disciplina, orden, límites. Es importante tenerlo en equilibrio con todos los estados del Yo y no sólo desde el Padre Crítico, que hace todo perfecto pero sin alma y gozo.

El otro rostro del Padre es el Padre Nutricio. Es otra voz en tu cabeza con un tono diferente, como la voz de una madre empática, nutricia y amorosa. Cuando te equivocas esa voz habla en tu cabeza diciéndote: "Ok, todo está bien, se puede resolver, calma." Esa voz nos permite apapacharnos, nos da permiso de disfrutar, nos ayuda a protegernos, a comer bien, a cuidar nuestra salud.

Una voz de Padre Nutricio es muy importante porque es comprensiva y busca nuestro bienestar a la manera de una madre que observa lo que necesitamos y llena nuestras necesidades. Nos cuida y es consciente de lo que sentimos y lo permite. A la mayoría de las personas les hace mucha falta esa voz nutricia, no hay modelos en su vida que les haya modificado eso y no ha aprendido a construirla.

La voz nutricia es importante porque pone en equilibrio los otros estados del Yo. En cambio, si toma el control, puede hacernos indolentes, autocomplacientes, hedonistas y conformistas, sin capacidad de esforzarnos ni de enfrentarnos a la vida. Imagina a una madre que le da todo a su hijo de cuarenta años, lo hace un incapacitado de por vida.

El segundo estado del Yo es al Adulto. Este estado no tiene dos rostros, es uno solo en el aquí y el ahora. Es la consciencia activa, el observador activo, es tu capacidad de darte cuenta. El Adulto es como si fuera un foco en una habitación: si está encendido, te das cuenta de lo que está pasando; pero si no está encendido, todo pasa inadvertido y vivido desde el automático y la inconsciencia.

El Adulto debe dirigir los estados a través de la consciencia, es como el líder interior. Si tenemos activo al Adulto, podremos decidir. Observa lo que pasa: cambiar inteligentemente una situación, darse cuenta es el primer paso para todo. Y gracias al Adulto podemos hacerlo.

Este estado se alimenta de modelos de personas que nos enseñan a actuar como adultos; es un estado que crece por las experiencias de vida que nos enseñan cosas, a través de experiencias vividas desde la consciencia. Salir del estado de víctima es fundamental para crecer adulto, ya que asumimos nuestra responsabilidad y aprendemos de nuestros errores.

El Adulto solo no puede hacer los cambios en la vida, también necesita de los otros estados del yo para tener voluntad de cambio. Si opera sin la alianza de los otros estados, será una parte consciente de mil cosas, pero sin capacidad para cambiarlas. Será un observador frustrado de todas tus metidas de pata, pero sin fuerza para frenarte.

El tercero y último estado del Yo es el Niño. Desde mi punto de vista, es el más complejo. También tiene dos rostros que se convierten en tres y se expresan de la siguiente manera: el Niño Adaptado, que yo le llamo niño herido, es la voz que nos habla a través de la emoción, aquí no es tanto una voz sino un impulso, un instinto a la manera del comportamiento reptiliano. El comportamiento del Niño Adaptado tiene como base estos miedos:

- Miedo al rechazo.
- Miedo al abandono.

- Miedo a la vergüenza.
- Miedo a la traición.
- Miedo a la injusticia.

Sentimos este Niño Adaptado o herido de una manera muy potente cuando tenemos estos miedos o estos dolores, y se expresa instintivamente creando todo un juego psicológico en dos sentidos, como un Niño Adaptado Rebelde o como un Niño Adaptado Complaciente.

## Tipos de juegos que emplea el Niño Rebelde

Controla todo, quiere demostrar que él puede más que los demás. Es rebelde ante la autoridad, no respeta las reglas o las infringe. Tiene sus propias reglas, es impulsivo, odia que le digan lo que tiene que hacer. Suele estar enojado, es desconfiado, no le gusta sentirse atrapado o controlado. Es mental, estratega y su mayor miedo es al rechazo, la traición y la injusticia. Vive rápido, con miedo al futuro, es paranoico y teme que algo pase fuera de lo que espera, por eso busca controlar todo. No le gusta sentirse vulnerable y vincularse. Es vanidoso, le gusta llamar la atención y tiene un ego de héroe muy fuerte.

Uno pensaría que es un hombre o una mujer de éxito, o muy chingón el que estoy describiendo, pero no, es un niño rebelde con miedo a la intimidad.

## Tipos de juegos del Niño Complaciente

Es rescatador, le gusta agradar y no sabe poner límites. Es lo que los demás esperan de él o ella y su juego se centra en el rescate para luego sentirse víctima. O simplemente es una víctima que permite que abusen de él o ella y se siente frágil e incapaz de ser responsable de sí. Necesita a otros para estar bien, cree que si es autosuficiente se quedará solo y nadie lo cuidará, por lo que prefiere no cuidarse. Siempre está en condición de necesidad: económica, de salud o de cualquier tipo. Manipula a los demás para que no lo abandonen.

El Niño Complaciente renuncia a sí porque busca agradar a los demás. Aprendió que para ser querido tenía que dejar de ser él y buscar personas y realidades que lo pongan dentro de ese escenario conocido, donde se sacrifica e ignora completamente lo que es y necesita para ser aceptado o sentirse parte de algo. Sus heridas tienen relación con el abandono y la humillación.

Los estados del Yo son una teoría de Eric Berne, creador del análisis transaccional. Entre muchas otras cualidades, me parece una gran teoría del autoconocimiento. Entender los rostros de lo que nos conforma nos ayuda a escucharnos y dar espacio, ya que cada uno requiere cosas diferentes de nosotros mismos. Por ejemplo, el estado Padre es un pedacito del padre, la madre o las personas que fueron una autoridad en nuestra vida y que han actuado como guía. Ese estado nos estructura, nos acompaña, nos permite tener una vida con inteligencia y forma.

El estado Adulto integra los nuevos aprendizajes, observa lo que sienten y necesitan los otros estados y les da espacio a todos. El Adulto sabe qué necesitas, conoce los recursos con los que cuentas. Es la parte más sabia de ti, más lógica, más inteligente, más consciente y capaz de estar en el aquí y en el ahora, fuera de guiones heredados de los padres o aprendidos en nuestra historia. Permite que la energía que necesita cada estado sea distribuida de forma correcta para que vivas los beneficios de todos los estados.

El estado Niño es una memoria de lo que te ha pasado en esta vida, con la finalidad de aprender, de proteger y de evitar dolor innecesario.

Gracias al estado Niño también somos espontáneos, sensibles, diverti-dos, creativos. El estado Niño permite disfrutar, expresar lo que senti-mos, ser flexibles y estar abiertos al aprendizaje. El Niño es buscador y afectuoso, le gusta el movimiento, lo nuevo y permite conectar en intimidad. Es la mejor parte de nosotros cuando está acompañada de un Adulto interno que lo guíe y le permita expresarse con seguridad.

Todas las partes que nos conforman son memorias de nuestra evo-lución, de nuestro vínculo con el linaje al que pertenecemos, sólo que no nos escuchamos. Y aunque siempre se expresan en nosotros, no las conocemos, no tenemos consciencia adulta de lo que está pasando con cada una.

El reto es lograr que el Adulto sea el líder de las voces Padre y Niño. Si el Adulto dirige los estados, tendrá de su lado la fuerza de cada uno de ellos. Eso es todo un reto porque hay estados anteriores a él: primero se formó el estado Padre y Niño, después llegó el Adulto con sus ideas *new age* de "pongamos límites", "seamos nosotros mismos", "dejemos de ser víctimas".

De manera que los estados viejos, acostumbrados a esos patrones y emociones, se asustan con el cambio. Creen que lo mejor es seguir como están, pues algo podría salir mal. De hecho, si ha habido mucho dolor en la vida, más rígidos y más resistentes serán al cambio. ¿Cuán-tas veces te ha pasado que estás muy consciente de que estás haciendo un berrinche y no puedes parar? ¿Cuántas veces sientes que tienes un adulto observando cómo tu niña herida pone la casa de cabeza?, con total impotencia para ponerte límites y no causar ni causarte daño.

Esto es una metáfora de lo que pasa en nuestro interior con los estados del Yo. Imaginemos una empresa que ha ido bien, pero que está estancada y no está creciendo. El dueño sabe que debe hacer cam-bios profundos y reestructurar la empresa que inició y hoy necesita renovarse. Él ya está viejo y todo su personal lleva tiempo con él. Su hijo, un joven innovador, entra a la empresa para aportar nuevas ideas y ayudar a reestructurar la empresa con miras al crecimiento. ¿Qué crees que pasará con el personal que ha hecho lo mismo por años? De seguro, la gran mayoría se resistirá al cambio, incluso podría sabotear al joven líder, guardando información o poniéndole trampas. ¿Cómo crees que el joven podría lograr que todos se sumen al cambio? Un buen líder primero tendría que acercarse y conocerlos, saber lo que hacen, darles reconocimiento de lo que han aportado. Un líder está dispuesto a escuchar otro punto de vista y otro sentir respecto al cambio. Este joven conocería sus cualidades y les daría un lugar en el cambio, los convencería de que serán respetados, considerados y, sobre todo, les agradecería por lo que han hecho.

Esto pasa en nuestro interior cuando hemos sido gobernados por todas las creencias heredadas de nuestros padres y por todas las ideas falsas respecto a la vida y a nuestra existencia, que no ponemos en duda. De pronto, llega el Adulto con ideas de cambio y los demás estados reaccionan: "¡A éste qué le pasa! Aquí nadie se mueve." Entonces, el Adulto tiene que conocer las creencias detrás de ellos, darles reconocimiento por todo lo que te han protegido y ayudado a crecer, pero sobre todo, tendrá que hacer algo más complejo que dirigir una empresa: tendrá que curar el dolor que hay en ellos. Poco a poco permitirá que el dolor detrás de todas sus defensas sea expresado y acompañado.

Esto nos cuesta y no tenemos ni idea de cómo hacerlo. El dolor detrás de cada estado del Yo es el dolor de nuestros padres, el dolor de nuestra historia, pero tenemos que enfrentarlo. Quizá una vida no nos alcance, pero basta con que te permitas ser consciente y permitir que en esos momentos cuando la vida te trae experiencias dolorosas, las toques con dignidad, sin victimismo ni "autolástima".

Tocar tu dolor con dignidad es darte la oportunidad de sentir sin juzgarte tonto, débil o víctima. Es acompañarte en un dolor válido. Tienes derecho de sentirte como te sientes, aunque la voz del Padre te diga que estás muy grande para ponerte a llorar. La voz crítica no está invitada a esa reunión, simplemente llora sintiendo tu dolor, sabiendo que tiene una función, pues, al sentirlo, te revelará una verdad tuya y de tu historia con las que podrás elegir una postura de respeto y cuidado hacia ti.

Después de desahogarlo, verás con claridad cosas que no podías ver por el dolor. Así podrás tomar decisiones, observar que quizá estás sobredimensionando una situación, podrás ser más adulto en lo que está pasando. Al permitirle al Niño expresar lo que le duele, da espacio a que los otros estados se manifiesten y aprendas algo de la situación de forma objetiva.

Todos los estados son nuestro equipo y nos ayudan. Si el Adulto los dirige, podrás caminar inteligentemente y no desde la impulsividad en distintas áreas de tu vida. El Niño nos sabotea porque negamos lo que sentimos y lo amargamos, para pensar con claridad en la toma de decisiones. Entonces, negamos una parte importante de nosotros, que no da un rostro de lo que somos pero ahí está, a pesar de que no nos guste ver. Recuerda que no se va aunque lo niegues, pues toma el control de manera inconsciente cuando no te das cuenta.

Por ejemplo, Manuel tuvo un padre muy duro, rígido, autoritario, exigente, entre otras características. Siempre quiso hacer lo correcto para ser aceptado, como todo niño que necesita la aceptación de su padre. Creció como un niño exitoso en la escuela, exitoso en el deporte, exitoso en el trabajo. Tenía la familia modelo, pero por momentos Manuel perdía el control y se desaparecía en los casinos, gastaba dinero que no tenía y generaba una serie de conflictos en todos los sentidos.

Manuel fue a terapia porque no entendía las razones de su comportamiento, si siempre hacía lo correcto, tal cual le enseñó su padre. Se dio cuenta de que había ahogado la voz de su Niño y que nunca expresaba sus sentimientos. Mediante estos actos, su Niño le decía: "Sigo aquí y si no me escuchas, yo haré que me veas." Su Niño debía ser visto. Uno puede ponerlo en el clóset con llave, pero no toda la vida o no siempre. A veces el Niño encuentra la forma de escapar, como cualquier persona reprimida; lo hace por medio de actos compulsivos como comer, jugar, comprar, etcétera. ¿Cómo se expresa el Niño que sueles negar en tu interior?

Somos muy complejos los seres humanos. Es muy complejo permanecer consciente y no ser gobernado por lo mismo de siempre, por lo que aprendiste, por lo que has creído toda la vida. Es todo un reto estar vivos. En esta vida se nos da la oportunidad de entrar a almas para evolucionar y crecer. Aprender a conocerte, gobernarte, estar consciente, elegir, hacerte responsable, soltar, confiar, es cansado hasta leerlo, pero estoy convencida de que eso requiere una vida en consciencia. Además, tenemos toda una vida para aprender un poco de esto. Lo maravilloso es que no necesitas llegar a la meta para sentirte feliz, el día que sueltas y te permites confiar en una situación, ese día obtienes una victoria y fortaleces tu voluntad, y al día siguiente empieza una nueva oportunidad.

En las relaciones de pareja ambos tienen estados del Yo que se encuentran, algunos coinciden y otros se caen muy mal. Cada uno tiene Padres en el interior —a la manera de los padres que tuvieron—, con ideas complementarias u opuestas sobre el matrimonio, el dinero y el amor. Cada uno tiene dos Niños que a veces están rebeldes, otras veces complacen y otras son libres. Por eso hagan que se conozcan, se respeten y se diviertan juntos. En el mejor de los casos, hay dos Adultos que tienen que ponerse de acuerdo y, sobre todo, ser conscientes y responsables de lo que sus partes generan en la relación.

Es como en las familias compuestas, los tuyos, los míos y los nuestros, pero en el interior. Si no conoces tus partes, no te harás responsable cuando tu Niño Rebelde moleste al Niño Adaptado de tu pareja, haciéndolo sentir un pendejo por tender la cama así. Si tú no eres consciente de que tienes un Niño Rebelde que aprendió a *pendejear*, defenderse, competir, o como sea el tuyo, nunca te harás responsable de lo que hace esa parte de ti. En el matrimonio compuesto es como si tu hijo dejara siempre la ropa tirada y como tú no lo conoces, lo ignoras o lo niegas. Así nunca cambiarás esa parte y el matrimonio tendrá conflictos porque no hablas con tu hijo acerca del desorden y le enseñas a ser ordenado.

Todos los estados del Yo juegan en la relación de pareja, incluso desde los estados del Yo conectamos nuestros guiones de vida. Éstos están escritos en los estados Padre y Niño, son programaciones aprendidas de lo que es la vida, los hombres, las mujeres, el matrimonio; los aprendimos de nuestros padres, de sus historias, de lo que vimos y vivimos de niños.

Hay parejas que conectan con distintos estados del Yo y con otros no. Por ejemplo, Lucía y José son dos profesionistas exitosos, son muy buenos en lo que hacen. Se conocieron en el trabajo y se hicieron pareja. Se casaron porque compartían los mismos valores de vida. Lucía tenía un Padre Crítico que la obligaba a hacer lo correcto, por su parte, José tenía el mismo Padre Crítico, así que ambos eran autocríticos y exigentes consigo. Eran buenos para tener metas, hacer crecer su patrimonio, organizar la vida. El problema lo tenían en sus niños, porque la Niña Rebelde de Lucía, que en su guion no confiaba en los hombres, quería controlar al Niño de José y él, la mayoría de las veces la complacía, pues José tuvo una madre que lo controló siendo incondicional con él. Por momentos, el Niño Rebelde de José recordaba a su Madre Controladora en Lucía, se enojaba y se iba a comprar cosas muy caras que no necesitaba porque sabía que así su esposa se enojaría. El Niño Rebelde de José le decía a Lucía: "Yo mando, no haré lo que tú quieres." Lo hacía en un intento de no ser devorado por Lucía y tener voz desde su estado Niño.

Si José conociera a su Niño, no permitiría que Lucía controlara todo de él, tendría que ponerle límites, aunque al principio generara un conflicto. Si José fuera responsable de su Niño, sabría que se traiciona al permitir una relación así con Lucía y que, a la larga, este tipo de comportamientos afectaría la relación. Ahora bien, si Lucía conociera a su Niña, no controlaría a José porque sabría que si lo hace, su miedo crecería y la convertiría en una controladora sin fondo, pero sobre todo sin confianza en José. Y eso también lo pagaría la relación.

Ninguno de los dos conocía sus estados del Yo, todos vivirían juntos en la relación, en la misma cama, en la misma vida, pero sin que José ni Lucía lo supieran. No sabrían lo que piensan, lo que les duele, lo que no se puede permitir con el otro, lo que hay que cuidar y curar de mi compañero o compañera de vida.

Muchas veces conocemos esos estados hasta que la relación avanza; otras los vemos a través de los berrinches o los conflictos desde el noviazgo, pero no le damos importancia o pensamos que es algo momentáneo. No reflexionamos que detrás de eso hay un Niño o una Niña Herida que merece respeto y reconocimiento.

Llegamos a las relaciones negando o tratando de ocultar que tenemos un Niño Herido, el cual hemos dado en adopción. Queremos pensar que no es parte de nosotros. Pero, en realidad, no se ha ido y sigue en ti, por momentos capitaneando tu vida, sobre todo, en el área de las relaciones que más te importan. Y como está abandonado, toma el control de maneras muy destructivas: genera dolor a los que más amas, manifestándose con miedo, celos, control, sentimientos de no ser suficiente y saboteando las relaciones más importantes de tu vida.

Puedes pensar que como ya fuiste a terapia dos años ya no tienes un Niño Herido, y cuando tengas una relación de pareja pensarás que el problema lo tiene tu pareja porque no ha trabajado con el suyo. Pero estás en un error. La persona que ha trabajado su Niño sabe que siempre está ahí, sabe lo que le duele y lo que necesita. Si de verdad trabajó su dolor, sabrá que no basta con entender el dolor, hay que llevarlo al corazón y a la consciencia. Hoy ese Niño no gobierna su vida, pero no se va y por momentos necesita afecto, seguridad, reconocimiento porque la vida es dinámica.

Cuando pensamos que el asunto es entender todo, interpretar lo que pasa, analizar a las personas y las situaciones, sólo evadimos al Niño, negamos al Niño y amagamos al Niño. Un día ese Niño se escapará o saboteará lo que más amas o lo que más te importa. Él tiene su fuerza y sus recursos, no lo subestimes, no le tengas miedo, él es una fuerza en tu vida, no una debilidad.

La persona que quiere entender todo suele construir fortalezas que lo alejan de su sentir. De esta manera pierde fuerza, porque le falta un miembro de su equipo. Además, está enojado porque lo niegan y lo ignoran y, de pronto, sabotea todo. Todos tenemos una relación con un Niño Herido que debemos conocer y contener. Hay que hablarle, abrazarlo, escucharlo, hay que conocer sus necesidades, hay que hacer lo que te hubiera gustado que hicieran tus padres, ser su MA-PA, es la única forma en que ese Niño Herido dejará de sabotear tus relaciones y, principalmente, tu relación de pareja.

El estado Padre también juega un papel importante en la relación de pareja, ya que con esta parte conectamos como un Padre o una Madre con la pareja, además de ser las creencias y los valores de vida que tenemos. Como dijimos, este estado tiene un rostro crítico en una parte y uno nutritivo en otra. Una persona con un estado Padre Crítico muy alto o con mucha energía de este estado es alguien ordenado,

responsable, perfeccionista, mental, intelectual, controlador, poco espontáneo y muy estructurado en todo. Esa persona tiene un estado
crítico muy alto en su personalidad.

Tener un estado crítico con mucha energía por lo general te hace
una persona con éxito, buscas lo correcto, huyes de la equivocación y
respetas las reglas. En las relaciones de pareja, cumples los compromi-
sos, eres ordenado y confiable, si dices que vas a comprar las croquetas
del perro sin duda las comprarás.

Hay mucha certeza a tu lado. Planeas todo. Pero si este estado es muy
rígido en ti puede hacerte una persona lejana, mental, poco flexible, espontánea y divertida, no hay espacio para travesuras y cosas divertidas.
Todo es planeación, estructura y orden. Eso puede ser muy aburrido en
una relación de pareja, aún más si tu pareja tiene más energía de Niño
Libre en ese estado de la personalidad. Es común que una persona que
tiene un Niño Libre con mucha energía se sienta atraído por la seguridad y confianza que proyecta una persona con un Padre Crítico alto,
lo cual puede ser un eterno problema para la relación.

Por ejemplo, Montse y Pablo. Él es ingeniero. Comprometido y muy
trabajador. Montse es diseñadora gráfica. Creativa, espontánea, cariñosa, cercana. Montse se siente atraída a Pablo porque es confiable, ella
nunca tuvo eso con sus padres y él le da esa estructura que tanto le ha
faltado en la vida. Pablo se siente atraído por la libertad de Montse, le
gusta que no se preocupe tanto de las cosas y que es cariñosa. Ambos se
llamaron porque esa parte del otro les hace falta. Si son conscientes de
esto, aprenderán a valorar y respetar lo que el otro es, sin imponer los
valores que cada uno tiene y que se pueden hacer más rígidos.

Montse puede integrar la estructura y el orden de Pablo; mientras que
Pablo puede ser más flexible y espontáneo como Montse. Eso les daría un
crecimiento a los dos. Pero lo que suele pasar es que no somos conscientes
de la razón por la cual nos sentimos atraídos por determinada pareja y,

por lo tanto, no asumimos la responsabilidad de esa parte de nosotros. Además, pensamos que lo que somos es lo que todos deberían de ser, porque es lo correcto o porque nos gustaría que así fuera. Así que empezamos a cambiar al otro, a enojarnos con esa parte de él o ella que nos llamó la atención desde el principio. Una base para crecer es desarrollar consciencia y responsabilidad en las relaciones de pareja.

El otro estado parental es el Nutricio. Una persona que lo tiene con energía suficiente es empática, cálida, le gusta escuchar y ayudar a los demás. Es una persona que cocina bien, le gusta mostrar su afecto a través de la comida, es buena consejera, anfitriona y disfruta dar. Sabe lo que es bueno para ella misma o él mismo y lo lleva a cabo. Disfruta y tiene *hobbies*. Leer, hacer ejercicio, bailar, viajar, sabe qué actividades le dan alegría y las vive.

Es una persona que sabe nutrirse, mirarse, ser paciente consigo misma y buscar la forma de aprender, de ver el lado positivo y la oportunidad. Ha aprendido a mirar la vida con aceptación, la mayoría de las veces busca su rostro positivo y de aprendizaje.

La persona con un estado Padre Nutricio da paz, confianza, es maternal o paternal, es una persona de contacto en general. Le gusta el vínculo y su actividad casi siempre está en relación con la ayuda a los demás. Por ejemplo, enfermeras, terapeutas, doctores, maestros y *coaches*.

Todos tenemos estos estados en nuestro interior, a veces está activo el Parental Crítico, otras el Parental Nutricio, en un segundo puede responder el Niño Libre o el Niño Herido. Todas estas voces en nuestra cabeza interactúan cada instante y son un lente en que estamos viendo la realidad. Cuando tenemos un buen Adulto al mando, distribuye nuestra energía para que todos los estados tengan voz y ninguno tome toda la energía para sí.

Sin embargo, cuando tenemos muchas heridas emocionales sin sanar, el dolor hace rígidos los estados Padre Crítico y Niño Herido, por lo que casi toda la energía se concentra en esos dos estados.

Todos contamos con una cantidad limitada de energía para vivir. Ésa es la pila que cada uno tiene y que debe saber cómo y en qué la invierte para tener una vida rica. Las grandes fugas de energía están en los pensamientos y sentimientos de víctima, enojo, crítica, auto-lástima, control, miedo, dolor, ira, rencor. Todos estos modos de ser consumen muchísima energía y se roban la que tenemos, dejándonos sin ella para usarla en cosas importantes o que nos hacen bien.

Somos tan poco conscientes de nuestras fugas de energía, que no nos preocupa que perdamos energía en mil tornerías y cosas sin sentido o en cosas que, peor aún, nos hacen mal.

El costo de las cosas está en relación con el tiempo y la energía que consumen de tu pila vital. Energía es vida y la vida es lo más preciado que tenemos. Decía Séneca, el filósofo griego, que gastamos inconscientemente la energía que es como si fuéramos tirando dinero por la calle. No elegimos en qué invertirla, no nos damos cuenta de las fugas de energía que tenemos ni qué consume la mayor parte de nuestra energía de vida. Así vamos, gastando nuestra pila vital, terminando los días llenos de cansancio sin saber que mucha de nuestra energía se fue en actividades que no tienen sentido ni permiten ser feliz o crecer.

Los pensamientos circulares de nuestros conflictos, la queja constante de lo que no soy o no es la vida y las personas, pensar mal de todo, sentir que soy una persona incapaz de hacer las cosas y que todos abusan de mí, hacer actividades en rutina sin tener una pisca de alegría o gusto por hacerlas, trabajar porque no nos queda de otra y sentirme aburrido y sin entusiasmo por lo que hago; odiar, discutir, enojarme por todo, éstas son las actividades más caras de la vida porque consumen toda la pila vital y te dejan en cero para vivir una vida mejor.

La energía y los estados de Yo van de la mano, cada uno de ellos se expresa mediante la energía que tienen. Si invertimos mucha de esta energía en el estado Parental Crítico, la energía del estado Padre Nutricio disminuirá. Ambos estados hermanos comparten energía. Si pensamos que tenemos una pila vital con un cien de energía, si estamos invirtiendo ochenta en el estado crítico, entonces queda sólo un veinte para expresar la energía del estado Nutricio, fundamental en la vida.

Cuando estamos llenos de crítica hacia nosotros porque hemos tomado decisiones equivocadas y nos sentimos enojados y llenos de ira con nuestro comportamiento, tenemos toda la energía en el enojo hacia nosotros y no podemos escuchar la voz que nos diga: "Entiendo que nuestras decisiones nos han lastimado y nos sentimos enojados, pero esto puede cambiar si aprendemos la lección." Cuando tenemos un enojo desbordado no hay espacio para entender ni aprender nada. Sólo hay instinto lastimando y haciendo pedazos la autoestima.

No es posible dirigir la energía cuando tienes muchas heridas que no has resuelto. Ese dolor controla tu energía. Cuando sanas el dolor y creces, ganas control de tu energía y la distribuyes mejor en comportamientos más sanos e inteligentes. Quizá tú, que me estás leyendo, reconozcas que en alguna etapa de tu vida reaccionabas de manera más impulsiva y no tenías forma de controlar esa reacción. Y conforme has crecido esto ha ido disminuyendo, porque estás más consciente de lo que te está pasando y tienes más fuerza para empatizar contigo y aprender la lección, en lugar de darte de palos por equivocarte.

La idea es que el Adulto dirija la energía y la distribuya como la ocasión lo amerite, por ejemplo, si debo entregar mi tesis profesional o un trabajo que requiere mucho de mí, mi Padre Crítico será un gran aliado para que me cuestione y observe con detalle lo que puedo mejorar; pero si voy de vacaciones, no debería llevar a mi Padre Crítico, seguro una mejor compañía sería el Niño Libre, que me permite descansar, disfrutar y ser feliz. Si voy a cuidar a mi mamá enferma, iría con mi estado Padre Nutricio para tener paciencia y ser una amorosa cuidadora. Y si después tengo que poner un límite y decir lo que creo, llamaría a mi Niño Herido rebelde, quien mejor me defiende y pone límites con claridad y fuerza, porque está dirigido por mi adulto y no tiene toda la energía de dolor controlada.

Así como los estados Padre Crítico y Padre Nutricio son hermanos y comparten energía, los estados Niño Libre y Niño Adaptado o Herido —como yo le llamo— la comparten. Cuando tenemos mucha energía en el estado Niño Herido, resta energía al estado Niño Libre, que es la parte de nosotros donde están el gozo, el disfrute, la libertad, la espontaneidad, la flexibilidad, la capacidad de aprender cosas nuevas, de estar abiertos al cambio, y que suele robarle la energía el Niño Herido.

¿Te ha pasado que vas de vacaciones y no puedes disfrutar porque estás pensando en el trabajo, en todo lo que te atormenta, en que las cosas sean como quieres y no puedes descansar? Hace algunos años tuve la oportunidad de hacer un viaje a la India en grupo, estuvimos casi un mes en un grupo donde la mayoría no nos conocíamos. Fue muy interesante observar cómo las personas con un estado parental más Crítico y Herido se quejaban más de la comida, de la basura, de todo. A esas personas además les pasó de todo: una perdió su cartera, otra se enfermó, otra se lastimó el pie, les vendían más caro todo, era impresionante la atracción negativa que genera estar tanto en estos estados.

Todo en la vida es un yin-yang, todo en la vida está conformado por estas dos energías que poco entendemos, porque pensamos en mujer y hombre o femenino y masculino, pero detrás de esto hay muchísima sabiduría. Todo lo femenino es potencialmente fértil; es como la tierra, oscura y nutricia, da muerte y nacimiento. La energía del Niño Herido es una energía yin, es decir, fértil, transformadora, de movimiento. Es plomo que contiene oro en potencia, pero debe evolucionar. Pensemos en nosotros con un lado oscuro, no me refiero al lado oscuro del cristianismo como del diablo o lo malo; nuestro lado oscuro es nuestra tierra fértil, lo que podemos desarrollar, lo que está por morir para que nazcan nuevas habilidades y fuerzas.

Yang es nuestro lado luminoso, lo que potencialmente eres, lo que has integrado y ya es fuerza y voluntad expresadas. Yang son las capacidades que has integrado como tus herramientas de vida. Inteligencia, responsabilidad, capacidad empática. La virtud y la belleza son la integración de yin-yang. Por ejemplo, cuando ves a un atleta o a un artista expresar su arte, observas la integración de ambas energías, es la expresión de su don mediante la disciplina. Para toda persona con mediana sensibilidad es conmovedor.

Eso conmueve del arte, el artista logra expresar la totalidad que es belleza y disciplina, que es luz y sombra, en una expresión artística. Eso tiene mucha alma. En fin, es complejo de explicar, pero quizá tu alma y la mía lo entienden mejor de lo que yo puedo explicar.

En los estados del Yo hay luz y sombra, a través del crecimiento personal podemos expresar una voz crítica más capaz de dar luz y belleza en nuestra vida o un estado Niño Herido que sea una fuerza de rebeldía en tu vida, que no te permita acomodarte ante lo que no te hace feliz. Ningún estado del Yo sale sobrando, todos son fuerza en nuestra vida, los podemos expresar desde una mayor luz en la medida en que sanemos el dolor que hemos elegido para crecer.

El dolor que tienes en tu alma no es un error, lo necesitas para pulirte y evolucionar. El gran reto es verlo como una oportunidad, como un vehículo de cambio. Lo que duele es una guía para llegar a nosotros. Casi siempre, la pareja te lo pone en frente, es la que despierta a tus demonios, la que te ayuda a ver tus carencias y tus incapacidades.

Cuando hay muchas cosas que aprender y sanar, la pareja es el dolor de cabeza, el gran conflicto, la realidad más dolorosa. Por eso, estar en pareja nos ayuda a estar completos, pero no porque él o ella sea nuestra otra naranja, sino porque él o ella te ayudan a encontrar tu sombra que sueles no mirar, evadir o proyectar porque duele y no sabes qué hacer con ella.

Vivir en pareja es el mayor de los retos, pero sobre todo, mantener una relación verdadera. Compartir los infiernos y mirar el infierno del otro, amar su luz y su belleza, pero también los momentos en que el dolor y el miedo lo secuestran, y ya no está la luz, sólo sombra. Y seguir para ella o para él, observar que es una parte y no el todo, y seguir amándolo o amándola. Cuando hay capacidad de responsabilizarse de tu sombra, de tu dolor y tus defectos, te comprometes a trabajar en ellos para que no tengan tanta energía ni todo el tiempo se expresen tus defectos, así podrás expresar tu verdad, tu intimidad, tu alegría, que es otra parte de ti. Entonces, construyes un verdadero amor, un amor compañero.

No se trata de ser luz para el otro todo el tiempo, de complacer, ser bueno, dar todo, eso no es real. Una persona que sólo expresa eso no es auténtica, guarda toda su sombra en la vergüenza. Se sacrifica para ser aceptada y eso algún día sale podrido. No podemos pretender ser siempre luz o bienestar, eso no existe. Existe un hombre y una mujer con luz y sombra, con dolores y defectos, con momentos donde ni él ni ella se soportan; pero hay otros donde te miras con profundidad, te ríes como con nadie y compartes cosas bellas de la vida. Qué flojera querer ser siempre el bueno o el correcto, eso no permite vivir en la verdad porque alguien actúa todo el tiempo como Niño Complaciente para ser querido. La intimidad se construye con los dos rostros de la vida, yin-yang, luz y sombra, cualidad y defecto. Eso sí es la vida, eso sí es real, lo demás sólo son cuentos de hadas.

# 5

# Juegos psicológicos tóxicos

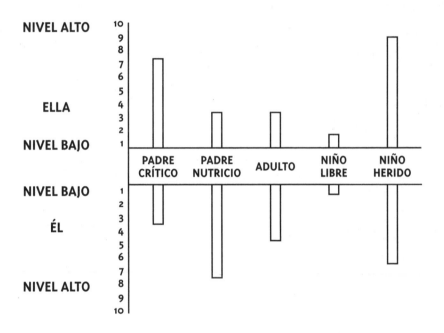

| | PADRE CRÍTICO | PADRE NUTRICIO | ADULTO | NIÑO LIBRE | NIÑO HERIDO |
|---|---|---|---|---|---|

NIVEL ALTO 10 9 8 7 6 5
ELLA 4 3 2
NIVEL BAJO 1

NIVEL BAJO 1 2
ÉL 3 4 5 6 7
NIVEL ALTO 8 9 10

## Ejercicio

Coloca un punto en el nivel de energía que percibes que tienen tu pareja y tú en cada uno de sus estados. Por ejemplo, si en la relación tu pareja es la que organiza, controla los pagos, el fin de semana, las vacaciones, si compran una casa o un auto, esa persona es la de las cuentas, es como el padre responsable de la relación. Cuando ambos tienen esta energía activa, los dos se hacen cargo de pagar y de distintos aspectos. Pero si es la función de una persona, pon un punto en el número 8, 9 o hasta 10, si de plano toda esa parte la organiza esa persona.

Esta gráfica nos ayuda a darnos cuenta de varias cosas en la relación. Observa cómo los estados que tienen más energía son los que chocan más y están en conflicto. Por ejemplo, si ambos tienen estados críticos muy altos son como dos Padres Críticos que quieren controlarlo todo, operan mucho con base en el deber y hacen aburrida y muy seria la relación. Se persiguen el uno al otro.

Si ambos tienen Niños Rebeldes muy altos en energía, son agresivos, competitivos, quieren tener la razón, no confían el uno en el otro, no les gusta sentirse controlados, pueden competir uno con el otro, son apasionados, etcétera.

Cuando ambos tienen un Niño Libre muy alto, se divierten juntos, son abiertos, tienen un sexo muy divertido y creativo, tienen *hobbies* que comparten, disfrutan muchas cosas. Pero si la energía de ambos está muy alta en este estado, puede ser un problema si no tienen otros estados, como un Padre Crítico que permitiría tener metas y estructuras de crecimiento. El Padre Crítico es la estructura, la disciplina, los deberes y responsabilidades de la relación. Esto es bueno porque permite crecer económicamente y da estructura. Dos Niños Libres sin Padre Crítico son como un par de *hippies* sin estructura para crecer en la relación.

Lo más común es que uno tenga más energía en un lado y el otro tenga menos. Por ejemplo, si mi pareja es olvidadiza, no paga la luz, llega tarde, es desordenada y no sabe lo que quiere de la vida, entonces tienen mucha energía en el estado Niña Herida, y tú, al ver su incapacidad de ser adulta, creces en tu estado Padre Crítico para estructurarla o ser como el padre de la relación, lo malo es que si ese papel siempre es así, habrá conflictos.

La energía de todos los estados debe ser flexible y dinámica. Yo me hago responsable de ciertas áreas, soy confiable en lo que quedo. Si en ocasiones no puedo hacerlo, te lo pido y tú lo haces por mí, pero es ocasional. Yo preparo el desayuno y tú la cena, ambos ponemos límites a nuestros hijos, tú organizas las vacaciones y yo organizo los pagos, etcétera. Así, ambos tienen energía en todos los estados y nadie debe crecer más su energía en un estado para compensar la falta de energía del otro. Que un estado tenga mucha energía de manera permanente propicia que la otra persona suelte su energía para estar en equilibrio como relación, ya que la pareja crea un estado del Yo en conjunto.

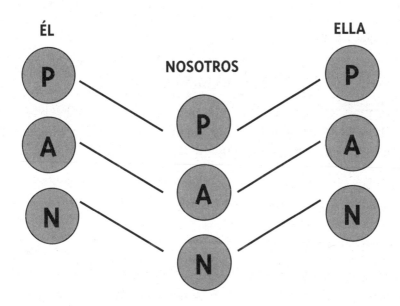

Ambos tienen su propia energía, son complementarios y nadie carga a nadie —o por lo menos no todo el tiempo—. Una persona que quiere que su pareja asuma sus responsabilidades, le pague sus gastos, la cuide y la proteja, es alguien que busca un padre o una madre y no una pareja. Eso frena la capacidad de crecimiento de la persona inmadura y la estanca en una eterna infancia. Esa persona será dependiente porque no tiene energía en sus propios estados para caminar, necesita a su Padre-Pareja. El día que quiera salir de esa condición tendrá que desarrollar los estados que dejó dormidos para tener fuerza para salir.

La Niña Rebelde es un estado propicio para salir de una situación dependiente. La rebeldía es una fuerza, da energía y hace que te muevas. ¿Cuántos salimos adelante desde una Niña Rebelde enojada con la condición en la que crecimos? Este estado es una buena opción para dar empuje y energía a una relación de dependencia. Después puedes desarrollar un buen Padre Crítico que te estructure, te ayude a asumir responsabilidades y un Padre Nutritivo que te acompañe y te haga saber que puedes.

En una relación de pareja el estado Niño Libre es muy importante. Éste es tu verdadero yo, amoroso, soñador, espontáneo, sin defensas, abierto al amor y a la intimidad. Sacamos esa parte con la pareja cuando hacemos el amor, cuando nos miramos a los ojos con ternura, cuando hacemos cosas divertidas o traviesas y nos reímos como niños, cuando compartimos momentos donde somos realmente nosotros y nos volvemos a enamorar.

Estar en una relación donde la condición es que uno tiene mucha energía en su estado Padre Crítico y tu pareja no tiene casi nada, más bien tiene mucha energía en el Niño Herido, habla de que eres como la mamá o el papá de la relación: dando, rescatando, apoyando con un hijo y no con una pareja. A la larga será muy frustrante, puede hacerte sentir enojada cargar siempre a la persona y muy sola porque nunca sientes apoyo. Es importante que vayas soltando y dando espacio para que la otra persona asuma su responsabilidad y no se polarice la energía.

Imagínate una pareja donde él es alcohólico y ella lo rescata. Él tiene el estado Niño Herido muy alto y ella el Padre Nutricio muy alto. Están jugando a la mamá y al hijo. No son una relación de pareja, son una dinámica disfuncional de la infancia de cada uno, donde uno no quiere crecer y el otro tuvo que crecer forzado.

Todos los estados deben estar activos y dinámicos, a veces yo soy tu mamá y te cuido, a veces tu a mí, a veces soy crítica y te ayudo a ver algo en lo que estás equivocado, pero a veces tú a mí y así todos los estados están activos y dinámicos en la relación y no la energía estacionada en un solo estado.

Imaginemos a Juan y Lupita. Ella siempre toma las decisiones, lo descalifica porque no hace las cosas bien, controla su dinero y su vida en general. Ella está estacionada en el estado parental en la relación, es su mamá. Juan es un Niño Herido con ella. No pueden tener una relación adulta que les permita usar todos sus estados. Lupita se queja porque cuando lo necesita, Juan no puede ayudarla. Cuando está enferma, Juan no la cuida; cuando hay que tomar decisiones respecto a sus hijos, Juan no sabe. Claro, ella controla todo y él permite que ella lo haga, así que cuando Lupita necesita a su esposo, la energía siempre está en el estado Niño Herido.

Los dos confirman así sus infancias. Ella creció sola sin apoyo de nadie, por eso su energía se quedó atrapada en una eterna madre, y él, con una mamá que devoró su autonomía y no le permitió crecer, confirma que es un eterno niño que necesita una mamá como Lupita que le diga lo que tiene que hacer.

Cuando nos quedamos estacionados en un estado y no circula la energía nos remite a posiciones de dolor durante la infancia. Nos quedamos atrapados en un estado por defensa y dolor. Si tuve que ser la mamá de mis hermanos desde chiquita, me quedo en la eterna madre; si tuve una madre controladora que dominaba toda la situación, aprendí de ella que una mujer controla todo, y quizá no viví ese dolor pero lo aprendo a través de mi mamá y me alío con su forma de ser o estar en la vida.

Una mujer controladora llama actitudes de Niño Herido en su pareja porque es la eterna madre y puede llamar al Niño Complaciente o al Niño Rebelde. Recordemos que ambos son los rostros del Niño Herido. Las mujeres mexicanas aprendimos a controlar y tener esposos hijos, sentimos que a los hombres hay que decirles lo que tienen que hacer y controlarlos. Eso nos mantiene enojadas con los hombres porque nos sentimos solas sin el compañero. Por otro lado, ellos están más enojados aún con la castración de su fuerza generada desde su madre en la infancia.

Esto se resuelve haciendo consciencia y trabajando tus heridas para desbloquear la energía atrapada en tus estados del Yo y así llevar a la práctica todo lo que debes hacer sin tanto Niño Herido o Padre Crítico verdugo.

Te invito a que reflexiones esto con una actitud adulta. Observa todos tus estados del Yo. Cuando llenamos las necesidades de cada estado del Yo, ese estado trabaja contigo y te da sus dones. Quizá avanzaríamos si hacemos cambios en nuestra vida y amagamos al Niño una vez más, pero eso al final truena. Hay que hacer cambios llenando nuestras necesidades y escuchando nuestras emociones.

Hay personas que hacen cambios significativos en su vida, bajan de peso, dejan de tomar, terminan una relación, pero siguen en el mismo lugar, amagando las necesidades del Niño, negando el dolor o poniendo a trabajar al Padre Crítico o al Niño Herido para cambiar la realidad, y eso no es cambiar y crecer de verdad.

Cambiar y crecer debe incluir escuchar lo que sientes y necesitas, comprender con empatía lo que haces y por qué lo haces. Aceptar lo que eres y conocer muy bien la parte de ti que no quiere soltar el poder para tenerte paciencia y entender qué necesita la parte que se resiste al cambio, hazlo con inteligencia. Esto es un proceso, no hay magia, no hay atajos, simplemente hay trabajo.

Creo en la constancia, en enfocarte en lo que quieres, en el esfuerzo, en el disfrute, en la alegría de lo que hay en tu vida y en el soñar con lo que vendrá, en disfrutar lo que eres y aceptar que todo el tiempo cambiamos. Hay una misteriosa relación entre lo que nos cuesta trabajo y lo valioso de la vida, lo que nos pone a prueba y lo que nos vence. Tenemos derecho a equivocarnos, a ser un poco de todo, sabios, víctimas, rescatadores, tristes, poderosos, tontos, frágiles, chingones. Creo en los procesos, en la ley de la cosecha: lo que siembras y nutres crecerá.

No es sencillo guiar todas las voces de tu cabeza y saber a quién escuchar para tomar una decisión en tu vida. La voz más certera es la Adulta, de modo que el objetivo será que esa voz, esa consciencia, guíe nuestra vida. Esto es una conquista, que el Adulto esté al mando lleva su tiempo. Por ahora, hay que observar quién toma las decisiones y tratar de hacerlo muy consciente, aprender a observar los caminos por los que te lleva este estado.

Por ejemplo, si ya no quieres controlar a tu pareja y resolver todo porque entiendes que eso te enoja y te hace sentir muy sola, cuando estés ante una decisión de soltar a tu Niña Herida no podrá, se sentirá en total incertidumbre, insegura y con las peores ideas catastróficas. Esto te generará tanta ansiedad que quizá elijas controlar, porque no tienes la confianza para soltar hoy. No basta con tomar una decisión adulta, hay que trabajar con tu confianza para que la alcances un día. Todos los estados son indispensables y los necesitamos para distintas áreas de nuestra vida. Sus dones son:

- **Padre Crítico**: estructura, orden, metas, autocrítica, responsabilidad.
- **Padre Nutricio**: confianza, respeto por ti, cuidado de ti y de otros, paciencia, auto-acompañamiento, reconocimiento.
- **Adulto:** capacidad de estar en el hoy, objetividad, elecciones inteligentes, integrar los estados, los dones de los estados en la vida.
- **Niño Libre:** alegría, espontaneidad, creatividad, flexibilidad, gozo, libertad, alegría, renovación.
- **Niño Herido:** adaptabilidad, rebeldía ante lo no sano, autoprotección, actitud de alerta, crecimiento interior.

Cuando las heridas de la infancia aún no sanan, nos estacionamos en el dolor y la defensa. Nos relacionamos mediante juegos destructivos que nos hacen sentir a salvo y cubren al verdadero Yo. Todos tenemos la necesidad de relacionarnos, de interactuar y de vincularnos unos con otros. La única manera de llenar nuestras necesidades afectivas es por medio de una relación honesta con los otros. Sin embargo, nuestras heridas encuentran muy riesgoso confiar, ser nosotros y volver a ser rechazados o abandonados.

Todos podemos llenar las necesidades afectivas de los demás y las personas las nuestras. Sin embargo, al estar heridos y llenos de miedo, nos cerramos y hacemos como si nos relacionáramos, pero sin intimidad y sin vincularnos de verdad. Practicamos juegos que no llenan nuestras necesidades, que son destructivos porque nos dejan victimizados y llenos de frustración.

En su libro, *Juegos en que participamos*, desde el enfoque del análisis transaccional, Eric Berne explica los juegos que practicamos en las relaciones. Yo aprendí que para ser querida debía rescatar; el juego en el que me enganchaba en mis relaciones de pareja era "Rescata al frágil" y, claro, después de que según yo rescataba al frágil, me convertía en una perseguidora. De acuerdo con esta lógica, él debía de llenar mis necesidades y ser lo que esperaba, porque yo lo estaba rescatando. Sin embargo, me sentí la perfecta víctima del susodicho que me traicionaba y no cumplía mis expectativas para confirmar mi guion: "Los hombres no son confiables."

¡Uf!, fue difícil, pero lo había logrado. En mi primer matrimonio busqué al hombre perfecto para representar mi infierno. Me costó trabajo pero al final lo confirmé, desde mi infierno él era un traicionero. Después escogí otro bonito personaje para mi teatro que también necesitaba que lo rescatara: un tipo frágil, inseguro, solo y, desde mi perspectiva enferma, menos que yo. Era el nuevo personaje para jugar el juego del rescate, para controlarlo o sentirme una víctima de él o de algo de su comportamiento que me decepcionaría.

No contaba con su astucia, ni era tan frágil, ni tan inseguro, ni nada de lo que yo había pensado. Empezó a practicar mi juego y digamos que yo empecé a rescatarlo. Pero un día, sintió que algo lo hacía sentir incómodo y empezó a tomar terapia y buscar autonomía. Así que me puso límites. De pronto, ya no permitió que me metiera en su mente, me enseñó que estaba comprometido conmigo y que en verdad me amaba. Me enseñó que era confiable y me dijo: "Yo era la persona perfecta para confirmar todos tus miedos, pero ¿qué crees?, ya no soy ése. Ya cambié, crecí."

Era un tipo inteligente, con convicciones y carácter, en resumen, con más huevos de lo que yo había pensado. En él había un deseo por ser mejor y crecer. Me cambió los esquemas y me ayudó a salir de mis juegos conocidos. Pero, sobre todo, me enseñó algo que me hacía mucha falta saber: que él no se iba a ir de mi vida, que él estaba comprometido conmigo pero que no me permitiría que lo controlara a pesar de que me amara. En ese tiempo yo también vivía un proceso que me permitía caminar con él y recorrer una nueva ruta, donde él no necesitaba que lo rescatara ni yo necesitaba rescatar o que me rescataran. Así creamos una historia desconocida para los dos. Salimos de juegos y empezamos a relacionarnos.

Él es Víctor, mi esposo, mi compañero, el tipo con más carácter que conozco y también con más sensibilidad. Siempre me sorprende y rebasa todas mis expectativas; admiro su capacidad de transformarse y el compromiso que expresa en todo lo que es. No pienso que somos un matrimonio perfecto, no, no lo creo porque tenemos nuestras crisis, a veces nos caemos gordos, pero, sin duda, sólo a él puedo mirarlo a los ojos como lo miro, sólo él conoce bien mi dolor y mi miedo, y yo el suyo.

Me siento afortunada de tener una relación de pareja como la que tengo con Víctor. Nos hemos sanado el uno al otro. Hoy nos conocemos perfecto, nos comunicamos con profundidad, nos seguimos equivocando, pero somos responsables de lo que generamos. Seguimos caminando en un camino que no termina, gracias a su presencia en mi vida, puedo escribir una buena parte de este libro y saber en carne propia cómo se cambia de relaciones tóxicas a relaciones sanas.

Actualmente experimentamos una nueva faceta como pareja, la paternidad de Isabella, que está por cumplir dos años de edad. Cuando escribí *Transforma las heridas de tu infancia*, estaba embarazada de ella y compartí todo el proceso que vivimos mi esposo y yo para tenerla. Ahora tenemos casi dos años de ser papás. Esta ha sido la mejor aventura de nuestra vida. Isabella nos da kilos de ternura y alegría, nos pone ante el reto de seguir siendo pareja, no volvernos locos con ella y no olvidarnos de nutrir nuestra relación.

Hemos construido una vida de pareja fuera de juegos. Ambos teníamos todo para seguir en ellos, teníamos un Niño Herido, teníamos una historia dolorosa que podíamos repetir; él tenía una mamá controladora en la que, a la menor provocación, me podía convertir, y yo un papá ausente en que él podía convertirse desde su incapacidad de relacionarse, pero por fortuna no fue así. Algo nos salvó. Fue que ambos estábamos en un camino de crecimiento, nos hicimos responsables de lo que cada uno era y ponía en la relación. Hacernos conscientes y responsables de lo que somos hizo la gran diferencia.

Según Stephen Karpman, existen tres tipos de papeles que jugamos simultáneamente, y uno lleva al otro, hasta cerrar el "triángulo dramático" como él le llama.

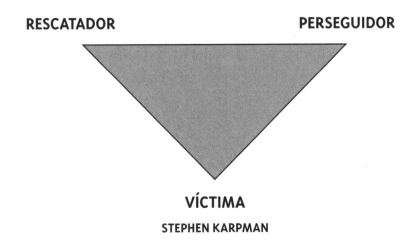

RESCATADOR PERSEGUIDOR

VÍCTIMA

STEPHEN KARPMAN

# EL JUEGO DEL RESCATADOR: CODEPENDIENTE

El rescatador es un juego para una persona que siente que debe controlarlo todo, que se sobre responsabiliza de la vida de los demás. Da opinión y ayuda, cuando nadie lo está pidiendo y busca cuidar a otros, de alguna forma es una huida de sí. Éste puede ser el papel con el que inicias los juegos en las relaciones de pareja o en general: te enganchas con personas desvalidas y con necesidades.

Primero las ayudas, das consejos o incluso prestas tu tarjeta de crédito para pagar algo que necesita. Una persona puede ser un rescatador patológico, porque tiene un Niño Herido que aprendió a vivir queriendo rescatar a su padre, a su madre, a sus hermanos o a quien fuera. De niño, internalizó este rol y hoy se ha convertido en un modo de relación que lo conecta con personas víctimas que pueden abusar de él o de ella. Y al final se siente como víctima porque rescatar es la fantasía del Niño cuando piensa que es la forma de ser amado.

**Te engancha**: desempleados, adictos, personas desamparadas o con una posición que tú consideras en desventaja o inferior.

**Cómo empieza el juego:** ayudando, resolviendo, pagando, escuchando. El juego inicia siempre en una posición de ayuda y apoyo. Ese es el enganche. Él o ella no está en condiciones de dar sino en condición de necesidad y tu empiezas a resolver cosas que no te corresponden y avanzar más de lo que toca.

Hay algo muy importante que quiero que observes si te identificas con este juego de rescate: el poco merecimiento detrás de este comportamiento. El niño en ti creció con un derecho negado a ser visto, valioso e importante. Estar en un juego de rescatador es muy "desvalorizante" para la persona, porque empieza una relación con una persona incapaz de dar y en condición de necesidad. Curando duelos, divorcios, adicciones, pero sin recibir y con mucha necesidad de recibir. Es como si le dieras de comer a alguien cuando tú mueres de hambre. Después, ese sacrificio te pone muy mal porque pensabas que recibirías amor por esa acción y muchas veces eso no pasa.

La persona en necesidad siempre puede estar en esa condición, sobre todo si es una persona que evade su responsabilidad de vida y entabla relaciones llenas de abuso, donde termina en quiebra emocional, económica y en el mismo vacío de siempre, enojo y frustración.

**Salir del juego:** sí se puede salir de juego, incluso cuando estás dentro de esta posición. Primero tendrás que estar dispuesto a soltar a la persona. Si tú no juegas al rescatador, tal vez esa persona pierda interés en ti porque lo único que le importa es lo que recibe de ti. Es una buena prueba de amor, pero tendrás que amarte lo suficiente para entender lo "desvalorizante" que es para ti permitir este tipo de abuso y estar dispuesto a soltar esta posición. Pues si la persona acepta tus límites, hay esperanzas de terminar el juego; pero si no lo acepta y se desengancha, te darás cuenta de que no sentía ni poquito amor por ti.

Éste es el primer paso para salir del juego: estar dispuesto a soltar por respeto a ti. El segundo es establecer una comunicación de lo que pasa, no desde la víctima, sino desde una actitud adulta, clara, sin culpar a nadie, asumiendo la responsabilidad de lo que has generado. Por ejemplo: "He resuelto asuntos que no me corresponden, asumo mi responsabilidad y lo que me toca de esto, pero quiero que sepas que dejaré de hacerlo." Hay que establecer una comunicación adulta, donde pongas en claro lo que quieres hacer desde la responsabilidad y sin victimismos. Recuerda algo muy valioso: tú necesitabas a esa víctima y de alguna manera la elegiste para aprender a valorarte. Ésta es una oportunidad para hacerlo y ponerlo en práctica.

Acompañarte a ti es algo importante. Este comportamiento nace de tu niño que se resistirá a que pongas límites porque cree que perderá algo primordial. Tú debes saber que estarás bien y encontrarás otras formas de llenar sus necesidades porque esa persona en realidad no las está llenando. Recuperarás la energía que estabas dando a esa persona y podrás emplearla en algo satisfactorio para ti. Te darás cuenta de que la energía para rescatar a alguien es mucha.

Erika estaba en una relación con Rubén. Él tenía un trabajo inestable y a la hora de pagar los gastos de la casa, ella casi siempre tenía que prestarle. Erika pagaba los gastos de las vacaciones al igual que cuando se enfermaba. Rubén no podía apoyarla porque tenía que trabajar. Si ella necesitaba a Rubén, él nunca podía dar nada. Pensaba que las mujeres tenían que darle y no él a ellas, su mamá jamás le enseñó a asumir las responsabilidades de la casa, vivió con ella hasta muy grande, como niño y sin ninguna exigencia.

Erika se cansó de cargarlo, empezó a ponerle límites. Él se enojó muchísimo, le dejó de hablar, incluso la chantajeó con irse de la casa. Una parte de Rubén sabía que esto disparaba el miedo de Erika. A ella le daba mucha angustia y miedo pero estaba dispuesta a soltarlo, con tal de no seguir en este infierno. Ella se acompañaba y estaba consciente de que su angustia venía de su Niña y que ella podía darse amor y contención para que la ansiedad de perderlo no la dejara rescatarlo de nuevo y siguiera el mismo comportamiento.

Sin agresiones, sin malos tratos, sólo con adultez, Erika entendió que la relación valía la pena sólo si Rubén asumía su responsabilidad. Y si él no respondía, ella tendría que hacerlo y asumir lo que vendría de esto. A veces, desde nuestra necesidad de ser amados pensamos que preferimos asumir la responsabilidad del otro con tal de no estar solos o solas, pero asumir la responsabilidad del otro es estar más sola que cuando estás sola. La soledad acompañada es la peor de las soledades, porque nunca se llena el vacío y no hay espacio para que nadie más lo llene.

Erika fue soltando poco a poco y poniendo límites claros que Rubén fue tomando. Él sabía que ella lo quería y Erika le hacía saber que lo apoyaba, afirmando lo que él hacía bien. Primero soltó una responsabilidad y luego otra y así, poco a poco, sin irse al extremo. Ella le decía: "Ésta es la última vez que hago esto", y lo cumplía. Él se empezó a dar cuenta de que ella no lo iba a hacer y tendría que resolverlo. Hay que entender que en el fondo de esa persona también hay un niño que aprendió a sentirse incapaz de asumir las responsabilidades de su vida, pero sobre todo hay que saber que eso es una fantasía, porque todas sus capacidades están esperando a ser desarrolladas por él.

Sanamos nuestras heridas en pareja cuando dejamos de intervenir en los juegos y damos espacio para que el otro crezca, con lo cual crecen los dos. Si Erika asume las responsabilidades de Rubén, él siempre vivirá con su madre, como un niño tal cual lo vivió en su infancia. Pero si desde el amor, Erika confía en Rubén y da espacio para que él resuelva sus responsabilidades, él descubrirá algo que no conocía y le estaba haciendo mucha falta: saber que sí puede y no es un niño desvalido.

# LA VÍCTIMA: DEPENDIENTE

En el juego de la víctima, una persona no asume la responsabilidad de crecer. Está atrapada en un eterno niño o niña que elige que otros deben darle, resolverle, apoyarlo y cargar con él o ella. Siempre encontrará pretextos a través de la enfermedad, el dinero, los hijos o cualquier situación que le permita la manipulación y el chantaje para que las personas que lo quieren se hagan cargo de sus asuntos.

**Te engancha:** personas fuertes, con capacidad económica o una clara capacidad para resolver. Personas alfa, controladoras y extrovertidas. Podrían engancharte personas complacientes, protectoras y paternales. Mujeres u hombres que a simple vista se ve que resuelven vidas.

**Cómo empieza el juego:** se pone a sí mism@ en una condición de vulnerabilidad. Es una prueba para observar si la otra persona se engancha en el juego. Es un típico escenario donde la víctima engancha con un rescatador. Imaginemos que una mujer conoce a un hombre y éste la invita a comer. Ella le platica todos sus problemas: está desesperada porque la demanda que interpuso su esposo, del que se está separando y no quiere darle pensión para su hijo es una losa muy pesada, además, el dinero no es suficiente para pagar un abogado y pelear por lo que le corresponde a su hijo. Todo eso lo dice en tono frágil, desesperado y con un grito de ayuda.

Un rescatador no lo piensa dos veces, en ese instante le habla a su abogado y le dice que necesita que tome el caso. Así empieza un juego donde él se hace cargo de ella, pero en varios aspectos porque ella es una niña asustada en la vida. Una persona adulta en el mismo escenario, para empezar, no platicaría problemas tan profundos a alguien que acaba de conocer o si los platicara no utilizaría ese tono desesperado. Si necesita ayuda, la pide con claridad y establece un acuerdo de cómo podría pagar por la ayuda. Tiene una posición de poder ante la situación. Aunque tenga miedo, sabe que tiene la capacidad para resolverlo.

Una víctima siempre transmite una imagen de miedo, inseguridad, desesperación, desamparo, que es la forma de enganchar rescatadores o rescatadoras que de inmediato, desde su Niño Rescatador, cargan con sus problemas. No se trata de negar la ayuda a una persona con problemas, todos podemos ayudar, pero hay una gran diferencia entre ayuda y rescate. Ayudar es un acuerdo claro, donde nadie asume la responsabilidad del otro, ni en tiempo, ni en dinero, ni en esfuerzo. En este acuerdo, pido ayuda y me comprometo a pagar o compensar en términos concretos. No es un "yo te lo pago algún día que tenga dinero", más bien es "voy a hacer esto y te puedo pagar de esta forma".

En la actitud de la víctima hay un supuesto derecho de que las personas deben ayudarla porque la vida le debe. Si la quieren, entonces que le den, le resuelvan y, si se puede, la carguen completita, porque qué difícil es la vida. Además, para una víctima no basta con la ayuda, siempre tiene problemas que no puede resolver. Si le pones el abogado, después tienes que pagarle la renta y luego otra cosa. No hay llenadera porque, en el fondo, no quiere asumir la responsabilidad que le toca.

**El fondo es:** la víctima se quedó atrapada en una condición de desamparo en la infancia. Hay una parte de ella que cree que siendo un eterno niño llenará sus necesidades y tendrá esos padres y esa protección que tanto le faltó.

El gran problema de la víctima, por un lado, es su deseo consciente o inconsciente de soltar la responsabilidad; por otro lado, está su autoconcepto como alguien con pocos recursos para salir adelante; es decir, se ve como cuando era niño y estaba solo, con un mundo que se viene encima. Lo preocupante es que no se da cuenta de que eso ya pasó, que el mundo no se viene encima y ya no es un niño. Cuenta con recursos para enfrentar la vida, es capaz de observar que lo que vive no es un error de la vida, sino una oportunidad de crecer.

Es difícil quitarse el papel de víctima, porque, de alguna manera, hay muchos beneficios ocultos. A la menor provocación, te sientes otra vez una niña desvalida, mal querida, que va por la vida sola como la niña que pudiste ser o que aprendiste, porque así era tu madre o tu padre.

Te ayudará a dejar de ser una víctima el recordar tus fuerzas, hacerte de apoyos responsables que te quieren sin colgarte de ellos, pero sabiendo que no estás sola; también funciona no dar más energía a la queja y al sufrimiento, poniendo límites claros.

Si la persona logra acompañarse y hacerse un buen MA-PA de sí mism@ (madre, padre interior), crecerá y dejará de ser niña. Y cuando empiece su voz víctima a sentirse poca cosa o a decirse que sólo a ella le pasan estas cosas, entonces su voz interior amorosa le hablará y le dirá: "Ni somos pobrecitas, ni estamos solas, esto que nos pasa es una oportunidad para ver nuestra fuerza. Confía y suelta."

**Salir del juego:** si tú estás en una relación y eres la víctima en recuperación, la forma de salir del juego es asumir las responsabilidades sin hablar, no es decirle a todo mundo "hoy voy a cambiar". Es un hacer en silencio, empezar a hacerlo y tomar cosas que has soltado sin anunciarlo a nadie. Empezar a confiar en ti y acompañar a tu niñ@ atemorizad@ es muy importante, si no te vas a sabotear. Cada que puedas hazte saber que no estás solo y que vas a resolver las cosas muy bien. Cuando enfrentes cualquier situación, pongas un límite o lo que sea que lograste, date un reconocimiento y ayúdate a ver que sí puedes y no fue tan difícil como pensaste o sí, pero lo lograste.

Para salir del juego de la víctima, debes tener un apoyo de ti, no dejarte sola. Una persona que se la pasa enojada consigo, se critica por todo lo que permite, se enoja por no moverse y hacer cambios o poner límites, se debilita más. Ésa es la mejor forma de quedarse atrapada en la misma realidad.

Imaginemos que Lupita ha estado casada con Mario. Él la ha rescatado desde que se conocieron, le paga sus cuentas, le resuelve sus problemas. Lupita es como la hija de Mario, quien se hace completamente cargo de sus responsabilidades. Lupita está cansada de sentirse atrapada en su castillo de cristal, pero entiende que para salir de ahí tendrá que ponerse a trabajar y empezar a crecer. Eso la asusta, y aunque se la pasa diciendo que ahora sí saldrá de ahí y cambiará esta vida que la asfixia, no tiene la fuerza para hacerlo, porque no hace nada para construir confianza y respeto por ella misma.

Puede salir del papel de víctima si deja de hacer cosas que la enojan consigo y la hacen sentir una mala persona, como abandonar a sus hijos, engañar a su esposo, comprar mucho, endeudarse, etcétera. Ella hace cosas para sentir que tiene una salida a su asfixia, pero esas cosas la hacen criticarse y enojarse con su comportamiento. Esto la mantiene en un ciclo vicioso interminable, porque, por un lado, jamás podrá sentirse fuerte si está enojada con ella; no moverse la hace sentir asfixiada y buscar formas de huida que la regresan al ciclo vicioso de enojo con ella. Así se atrapa sola.

Si tú no cuentas contigo y te apoyas construyendo una relación de confianza y respeto por ti, jamás dejarás de ser una víctima porque siempre pensarás mal de ti. "Soy una estúpida." "Por qué permito todo esto." "Todo es mi culpa, yo lo permito." "Soy una tonta." "Merezco que me pase esto." Estos juicios son tu cadena, estos modos de hablarte son la garantía de que nunca serás una persona confiable para ti; estos juicios te debilitan y te restan la fuerza que necesitas para confiar en el vuelo.

Desde mi punto de vista, salir del papel de víctima es de los trabajos más difíciles por la falta de fuerza; se ha soltado la capacidad de hacerse cargo de uno mismo por mucho tiempo y eso debilita. Es como un músculo que no se ha movido. Hay que ejercitar el músculo para dar el paso, construyendo confianza en ti, respeto y acompañamiento de todo lo bueno que eres.

Si te haces un buen MA-PA de ti, un día podrás romper la cadena que puso esa persona y que tú necesitabas para sentirte segura. Quizá en el momento en que ambos empezaron a llevar este juego lo necesitaban, pero pregúntate si hoy sigues en la misma condición. Tal vez te des cuenta de que has crecido, aprendido cosas, que ya no eres la misma persona y te des la oportunidad de soltar la cadena que un día alguien que te necesitó puso en tu pie, porque creyó que sólo así cortaba tus alas y nunca podrías volar de su lado.

No es fácil estar en juegos. Es doloroso para todos. La persona que rescata sufre al pensar que la persona que busca cuidar y complacer puede abandonarla; por su parte, el papel de la víctima también es muy doloroso, sobre todo cuando aún hay alma, cuando la persona no se ha dormido por completo y una parte sana de ella le recuerda que tiene sueños que cumplir, que no es feliz y debe hacer cambios en la vida. Cuando esa voz sigue en nosotros hay que escucharla. No la ignores por mucho tiempo, porque un día dejará de hablar y tu vida se convertirá en una vida sin vida. Te vuelves una persona gris, triste, que ha renunciado a la batalla que implica vivir encontrando las oportunidades de crecer.

Bendice y honra a la voz que te hace sentir incómoda, que te dice que algo no está bien, que no se conforma, que quiere ser feliz, que sueña y busca mejores realidades. Escúchala, está dentro de ti. Cuando estás solo, cuando dialogas contigo, cuando escribes, cuando te preguntas cómo te sientes, ahí está. No la evadas, escúchala y haz acuerdos que puedas cumplir y que te ayuden a avanzar y encontrar la luz en esa cueva que hoy parece no tener salida, pero, sin duda, sí la tiene. Sólo necesitas caminar un poco más para encontrarla.

# EL PERSEGUIDOR: DESVINCULADO

Un perseguidor tiene una personalidad fuerte, proyecta éxito en lo que hace, es inteligente y arrogante.

**Te engancha:** parece que sabe todo, le gusta el dinero, el poder; el reconocimiento y su imagen le importan mucho. Suele ser atractivo o atractiva. Son pulcros, perfeccionistas, ordenados y buscan parecer perfectos y siempre tienen el control.

Empieza el juego deslumbrándote con todo lo que sabe, suele ser un gran conversador o alguien que aparenta saber muchas cosas y tiene muchos temas. Desde el principio hay un halo de ego que es muy claro y puede hacerte sentir atraído porque parece muy seguro y de mucho mundo. Se engancha con personas que son todo lo contrario, que no saben tanto ni han leído tantos libros, o son económicamente menos afortunados, inseguros, con baja autoestima y que, de inmediato, se fascinan con su seguridad.

**Cómo empieza el juego:** el perseguidor es el juego del juez. Muy pronto empezará a ver tus defectos y a criticarte. Cree que debe educarte, cambiar tu modo de vestir y de pensar. Te confronta con tus defectos o tus miedos. Como es una persona inteligente, de inmediato te psicoanaliza para saber tus debilidades y tener control de ti. En un tono seguro y claro, te pone tus errores en la cara y te hace sentir tonto, incapaz y equivocado, con necesidad de cambiar tu forma de ser.

Si observa que te enganchas en el juego, le compras su crítica y no le pones límites, el nivel de persecución sube y empieza a manipular tu pensamiento, la imagen que tienes de las cosas y las situaciones, hasta que pidas disculpas por cosas que te hace sentir culpable pero no hiciste.

Su objetivo es controlar tu vida, que seas leal e incapaz de hacer algo en contra de él o ella. Poner tu autoestima por los suelos lo hace sentir seguro de que no harás nada para traicionarlo y necesitarás de su ayuda para hacer cualquier cosa. La gente fuerte es una amenaza. No confía en nadie, nunca es vulnerable ni dice lo que siente. Tiene altas expectativas de su pareja y, cuando no las cumple, es violent@ para ponérselas en la cara.

**En el fondo es:** teme amar, ser vulnerable, que lo lastimen. Una parte de él está cerrada al amor. Hay una desvinculación de sí mismo en una parte o por completo. Depende del nivel de energía que consuma esta cara perseguidora, esto tiene que ver con el dolor atrapado en su ser. Hay que curar el dolor para bajarle a la impulsividad y a la violencia.

Un perseguidor tuvo padres duros, lejanos, exigentes y desvinculados afectivamente. En el fondo, no sabe cómo relacionarse, sólo lo hace con juegos destructivos, a través de la crítica, el sarcasmo, la manipulación y la descalificación.

Los perseguidores suelen ser hombres más que mujeres, son exitosos laboralmente, son líderes en lo que hacen o son dueños de su propio negocio. Tienen mucho ego y no les gusta obedecer, prefieren mandar y controlar.

El perseguidor siente mucho enojo contra el sexo opuesto. Ha aprendido a estar cerca, controlando y destruyendo su confianza. Si es gay, el enojo es contra el mismo sexo, será un perseguidor de su pareja. Lo hará sentir loco o inadecuado con sus comportamientos.

Le asusta el compromiso en general, teme ser atrapado. Por eso tiene relaciones donde no hay un compromiso real o hay una distancia. Cada quien vive en su casa, cada quien sus cosas. No sabe mucho de la vida del otro. Nunca comparte de fondo. Hace responsable a la otra persona de su incapacidad de compromiso, puede decirle: "Cómo nos vamos a casar, mira cómo te pones." "Cómo vas a ser mamá, si no puedes ni contigo." Un perseguidor es un experto en hacer sentir culpable y loco al otro, porque como es inteligente, hace cosas para que el otro pierda el control y después le haga ver que tiene comportamientos fuera de control, cuando en realidad es una trampa que construyó.

Por ejemplo, María sale con Luis, y él es un perseguidor. Ella es CEO de una empresa, no es tonta, es una mujer preparada y buena en su trabajo, pero él empieza a manipularla, observando sus debilidades. Luis es inteligente y ve que María no confía tanto en su belleza física. Así que empieza a descalificarla por ese lado. Ella no dice nada, siente que él ya se dio cuenta de que no es tan bonita. Él la hace sentir egoísta, reprueba todo lo que ella hace.

Ella empieza a dudar de sí, porque él nunca le reconoce nada. Al contrario, está muy pendiente de todo lo que hace mal. Desde niña, María siempre había sido muy exigente con ella, pues tenía un papá que le puso altas expectativas por ser una niña muy inteligente desde chiquita. Ella estaba acostumbrada a cumplir expectativas y Luis, de alguna manera, entendía su necesidad de ser aceptada por la autoridad, que él se había convertido, siendo todo el tiempo como un padre descalificador.

Ella se sentía atraída por él desde una forma de amor que conoció de niña con su padre. Sin darse cuenta, estaba proyectando la necesidad de aceptación que vivió con su papá y que Luis aprovechaba para manipularla, sin lograr su aprobación. Esto la metió en un juego destructivo: agradarlo, complacerlo, temer que se enoje..., que la debilitó muchísimo y la ponía fuera de control.

Él era un perseguidor enojado con las mujeres, sobre todo con las mujeres fuertes, pues encontraba placentero destruirlas. Ella fue a terapia porque se sentía loca. Sin darse cuenta, él manipulaba completamente a su niña, proyectando a un padre que la desaprobaba y la ponía fuera de control.

Tuve la oportunidad de ver a Luis, porque María le hizo una cita conmigo. Él era un perseguidor enfermo. Habló pésimo de ella, la puso como una loca que le gustaba la mala vida. Él la odiaba y ella estaba atrapada en los fantasmas de su infancia, con un padre que nunca la hizo sentir amada. No necesitas ser una mujer o un hombre tontos, puedes ser muy exitoso en lo que haces, pero si tienes un Niño Herido, tus relaciones serán un desastre.

Hay niveles de crueldad en el perseguidor, no todos son tan maquiavélicos, puede haber unos menos agresivos, pero, en general, están muy enojados. Debajo de ese enojo hay mucho dolor que no se permiten sentir. Esto los lleva a actuar impulsivamente, a ser violentos pero muy mentalmente. No se desbordan, más bien te destruyen con la cabeza, crean estrategias para manipular tu necesidad.

**Salir del juego:** si eres un perseguidor y eres capaz de reconocerlo, felicidades, tu nivel no está desbordado. Tener la capacidad de reconocer que eres destructivo y manipulador es muy importante. Hay que entrar en un proceso de humildad donde reconozcas tu vulnerabilidad y observes tus comportamientos, tratando de empatizar con las personas que descalificas o persigues.

Hay que trabajar el enojo con el padre del sexo opuesto o con el padre que sentiste más lejano y desvinculado de tus necesidades. En este trabajo de terapia le das voz a lo que te dolió y te pones en contacto con tu vulnerabilidad. Para salir de estos juegos, el perseguidor debe desvincularse de sí, como un mecanismo de defensa para no sentir el dolor del rechazo de sus progenitores.

La vulnerabilidad con uno es un elemento clave de reconexión. Al estar conectado, se pondrá límites y flexibilizará su perfeccionismo y su ser perseguidor. Darle espacio a su mundo emocional, comunicar más desde lo que siente y trabajar con el viejo dolor de su infancia, son tareas que forman parte de un proceso de crecimiento muy importante.

La víctima, el perseguidor y el rescatador son juegos destructivos porque están generados desde el Niño Herido. No permiten que el Yo se vincule y tenga la oportunidad de llenar la necesidad verdadera. Le ponen *play* a la misma película de siempre, donde al final no son queridos, no llenan sus necesidades afectivas y son rechazados.

Al empezar a relacionarnos con alguno de estos papeles, el juego consiste en que pasamos de un papel a otro y terminamos la relación sintiéndonos una víctima usada, engañada o abandonada. Los papeles no están activos todo el tiempo. En momentos, podemos relacionarnos fuera de juegos y ser en verdad auténticos y vulnerables en la relación. El juego cubre la vulnerabilidad, muy amenazante para algunas personas, pero para otras sólo parcialmente.

Cuando me siento rechazado o cuando siento que me atacan, me traicionan o me abandonan, se activa mi defensa y comienzo a actuar desde estas formas de relación como mecanismo de cuidado, contra lo que me puede lastimar.

La forma que se manifiesta es proporcional al dolor; mientras más herido estás, más jugarás a la víctima, al perseguidor y al rescatador en tus relaciones. Mientas más consciente y menos dolor, vivirás cada vez más momentos donde eres tú, sin defensa, sin juegos destructivos y sólo permitiendo que el verdadero tú se exprese con todo lo bello, bueno y verdadero que hay en ti.

# 6

# Deja de sabotearte

Todo lo que está en el inconsciente gobierna sin tomar en cuenta nuestra conducta. De tal manera que primero es importante llevar a la consciencia los momentos y las conductas propias de tu Niño Herido en tu relación de pareja. Observar los momentos donde se activa el juego y te sientes una víctima o responsabilizado de tu pareja, o con ganas de criticarlo y defenderte de él y destrozar su autoestima, es un trabajo complejo que requiere una atención muy importante en el aquí y el ahora.

Nos relacionamos desde una parte muy inconsciente; sobre todo cuando las parejas llevan su tiempo, adquieren un mayor compromiso y conocen más a la persona. Es muy fácil andar con personas que no conoces profundamente. Todos somos guapos, simpáticos y maravillosos, para las personas con las que tenemos un trato ocasional y nos vemos de vez en cuando.

Las personas con las que compartimos el día a día conocen todo de nosotros, son las personas con las que solemos sacar la peor parte y con quienes también podemos trabajar nuestros dolores más profundos.

A muchas personas no les gusta relacionarse tan profundo, sólo quieren relaciones para pasarla bien. Eso es válido. Pero de alguna manera será una relación que no avanzará y crecerá muy poco. Es distinto tener una relación con la que compartes buenos momentos, que une, con la que compartes la vida con todo lo que te ofrece. Buenos momentos, dolorosos, pérdidas, miedos, enojos, ira, responsabilidades, hijos, dinero, cambios, tantas y tantas cosas por las que pasa una relación.

No es un asunto fácil. Nuestra parte herida lo hace aún más complicado cuando no la conocemos y sólo reaccionamos de manera instintiva. Terminamos ofendiendo, lastimando, chantajeando, manipulando o concluyendo relaciones que nos hacían sentir insatisfechos, porque en realidad nunca supimos cómo aliviar nuestro dolor, mirar nuestras partes más heridas y aprender a respetarlas y amarlas.

Para dejar de ser parte de estos juegos, hay que empezar por conocer a los jugadores, acercarnos a nosotros mismos y observar:

- ¿Qué tipo de conductas despiertan su dolor?
- ¿Qué necesita de ti y de las personas?
- ¿Cuáles son las necesidades que sus padres nunca llenaron?
- ¿Cómo reacciona cuando se siente en peligro?
- ¿Cómo darte cuenta de cuando ya estás con el dolor activo?
- ¿Qué tipo de alianzas trae con su padre o madre?
- ¿Cómo llenar sus necesidades afectivas hoy?

Lo que llamamos nuestro Niño Herido es la parte que estamos acompañando a crecer hoy. Todos la tenemos, y si logramos hacerla crecer y llenar sus necesidades, dejará de sabotear nuestra vida y, sobre todo, la relación con las personas que más queremos.

Te comparte un ejemplo de ese sabotaje: Elisa y Santiago tuvieron historias muy distintas, pero como pasa con las personas con las que conectas, tenían guiones que empataban. Elisa creció en una familia con un padre que nunca daba estabilidad y seguridad que todo niño necesita para crecer en paz. Cambios de casa, cambios de empleo, deudas, vicios. Elisa sentía mucha incertidumbre con sus padres, ya que su mamá era como otra niña asustada e impotente ante la realidad. Elisa creció y desde la secundaria entró a trabajar. Ahorró, pidió una beca, pagó sus estudios y se graduó con su propio esfuerzo. Por un lado, tuvo que desarrollar una posición de responsabilidad para ella desde muy chica y, por otro lado, estaba muy enojada con su papá por la incapacidad de cuidarla.

En cambio, Santiago creció con un papá muy pendiente de él. Quería que cumpliera todas sus expectativas. Era rígido, se sentaba a estudiar con él, le exigía excelentes calificaciones, no le permitía ser niño ni sentir sus propias emociones. Las expectativas de su padre siempre fueron un peso que cargaba. Santiago aprendió a ser un hombre complaciente y a desconectarse de lo que sentía desde muy chiquito.

Ambos han construido una familia muy distinta a lo que cada uno conocía en sus propias familias. Tienen una gran familia, dos hijos que educan con amor y una vida de verdaderos compañeros. Pero hay algo que han dejado de lado. Tienen Niños Heridos en su interior que, de alguna manera, no tuvieron derecho a ser niños y ninguno de los dos conoce del otro. Elisa no conoce al Niño de Santiago porque al negar sus necesidades en general complace y hace lo que debe hacer. Santiago conoce una esposa responsable, fuerte, capaz de resolver, pero en general no observa a la Elisa vulnerable.

Llegaron a terapia porque Santiago tuvo una aventura con su dentista y Elisa se dio cuenta. Vio unas fotos de la aventura y unos mensajes muy sexuales, con ideas que le costaba creer que vinieran del Santiago que ella conocía. Ella no podía creer que él pudiera decirle algo así a una mujer, eso jamás se lo había dicho a ella. Desconoció a su esposo por completo. Eso fue muy doloroso, porque sintió que su matrimonio había sido una farsa.

Cuando no conocemos lo que está en el inconsciente, se manifiesta de formas saboteadoras y, sobre todo, si está negado y reprimido. Por ejemplo, cuando llevamos mucho tiempo reprimidos en las necesidades emocionales, sexuales, como los sacerdotes que han cometido la atrocidad de abusar sexualmente de un niño. A la hora de ser conscientes de sus actos pervertidos, ¿cuántos de ellos, después de abusar se desconocerán? Vivirán verdaderos infiernos en vida, por no detener sus impulsos.

A través de esta experiencia dolorosa en su matrimonio, Elisa y Santiago tuvieron la oportunidad de mirar a sus niños heridos. De alguna manera, Elisa provocaba el juego al imponer demasiadas expectativas a Santiago y ser perseguidora para que las cosas fueran como ella pensaba serían lo mejor. Santiago tuvo que escuchar esa voz que negó con sus necesidades e hizo cambios, gracias a eso, la relación creció, cambió y fue más auténtica.

Cuántas veces una infidelidad, una crisis económica, una pérdida, un hijo, una enfermedad, una situación con la familia, etcétera, nos da la oportunidad de mirar lo que hay de fondo, lo que lastima al otro, lo que niega su derecho y su necesidad. Santiago no quería dejar su matrimonio, Elisa era su compañera de vida y nunca pensó que lo que hacía era autosabotaje puro, porque fue impulsivo y sin elección. Cuando no es autosabotaje, tú lo eliges, entiendes que sólo lo haces para pasar un buen rato, sabes lo que buscas y, sobre todo, nunca pones en riesgo tu relación, dejando semejantes mensajes en el teléfono. Sabes lo que buscas, entiendes lo que es importante y punto. Ésa es la diferencia entre gobierno adulto y gobierno de Niño Herido.

Todos tenemos un Niño Herido porque estamos madurando el cuerpo emocional, estamos en un trabajo de crecimiento, donde hay que gobernar y dirigir al animalito en nosotros. Dejamos de pensar como niños cuando creemos que no tenemos uno, porque nuestra infancia fue perfecta. Estamos aquí para evolucionar, el dolor es parte de la vida. Estamos aprendiendo a madurar ese niño en el interior.

La manera más eficaz de ayudarlo a crecer contigo es conocerlo, observar las emociones con las que se expresa, acompañarlo cuando la vida le duele, ayudarle a entender cosas que nadie le explicó; tenerle paciencia, darle el derecho de ser él mismo, de aprender, de equivocarse y de crear relaciones de afecto donde lo cuiden y lo amen.

Conoces a ese niño porque se siente en tu interior, a veces como un vacío, como un miedo o como una angustia. Es irracional e impulsivo. Piensas que no hay lógica si te sientes culpable por comprarte algo lindo o si te sientes triste porque estás sola en casa. No hay lógica, pero si lo estás sintiendo es válido, hay algo que escuchar y explicarle a esa parte interna de ti: "Siento nuestra tristeza, sé que es una forma conocida de sentirnos, pero quiero que sepas que no estamos solas, éste es un espacio con nosotras para disfrutar nuestro silencio."

Quizá te parezca tonto hablarte a ti, pero eso permite que las formas de interpretar la realidad se actualicen. Si estar sola significa sentirte abandonada, hoy puedes entender que es una idea falsa de una película que no vives. Hoy existen recursos, hoy has desarrollado fuerza, hay personas que te quieren, ya no eres una niña. Hay que cambiar los guiones con los que interpretamos las realidades en automático para elegir cómo vivirlas con consciencia y sin desamparo.

Siente la emoción y date espacio para que hagas consciencia de que es muy importante lo que estás sintiendo. Imaginemos que tenemos un niño en el interior y siente tristeza porque no lo tomaron en cuenta en su grupo de trabajo. Desde tu parte racional, quizá esa tristeza está fuera de lugar, pero desde la empatía con tu niño no, porque un buen padre de sí mismo desahoga lo que siente y, después de sentirlo, empatiza con ese niño. Comprende que en su historia siempre se sintió ignorado.

Eso duele por momentos, sobre todo con personas o situaciones que importan. Y el hecho de ignorarlo o minimizarlo lo ahoga. Es una forma de negligencia con los sentimientos y eso nunca te permitirá hacer de tu Niño Herido un aliado.

## PASOS PARA HACER
## AL NIÑO HERIDO TU ALIADO

1. *Lo miras, lo conoces, lo haces consciente en las situaciones de tu vida.* Su terreno es el sentimiento, enojo, tristeza, vacío, ira, impulsividad, adicción, compulsión, control, miedo, defensa, etcétera.

2. *Te permites sentir lo que sientes y empatizas con eso.* Hay veces que sólo observas y sientes una emoción pequeña, pero otras te desbordas. Hay situaciones en las que quieres llorar como Magdalena, porque tocó algo muy profundo en ti. Todo depende del nivel de dolor que una situación provoca en tu manera de vivirla. Es un gran paso sentirla tal cual, sin interpretarla de inmediato, sin racionalizarla, sólo dándote el permiso y acompañando tu sentir.

3. *Te enseñas a ver las cosas desde un ángulo adulto.* Al final del desahogo emocional necesitas sembrar una nueva idea, un aprendizaje, una forma de mirar diferente la situación. También puedes decidir una postura de vida distinta a como estabas actuando.

4. *Te das reconocimiento cada que puedas, te abrazas, te tocas el corazón, te hablas con amor.* Practicar este diálogo con tu interior es una forma de conexión constante, es auto-acompañamiento. Sientes contacto, compañía y una forma de respaldo de ti muy poderoso que nunca te hace sentir solo.

5. *Construyes, creas y eliges realidades abundantes.* Las heridas sanan en relaciones que curan lo roto con nuestros padres. Hay que aprender a cuidar y nutrir nuestras relaciones, darles espacio importante en nuestra vida.

Siempre agradece lo que una persona te da, porque su energía es su vida. Y no es cosa menor su mirada, su tiempo, su escucha, su intención, su abrazo. Todo es una oportunidad para llenarte de amor y aceptación con buenos vínculos. Eso no sólo lo encontramos en una pareja, deja de pensar que una pareja llena todas las necesidades afectivas. Eso no es posible, no es sano y no es cierto. Hay un mundo entero, una vida llena, un gran bufete de posibilidades para llenar nuestras necesidades, si queremos y elegimos llenarlas.

Estos cinco hábitos de auto-paternidad o MA-PA de ti te permitirán que tu Niño Herido confíe en ti, deje de manifestarse desde el inconsciente y pare de sabotear tu vida. Lo importante es que el Adulto lo dirija y le ayude a crecer escuchando sus emociones y llenando sus necesidades. Así, toda la energía que hoy guarda para defenderse será liberada y te permitirá hacer muchas cosas.

Para establecer una relación de pareja, primero ten clara tu maleta, esa que cargas con tanto peso. Cuando empiezas una relación de pareja, la maleta se comparte, él o ella cargan con todo eso que traes, por eso, si no conoces ni te haces responsable de esto, siempre dirás "eso no es mío". También observa la maleta que carga tu pareja. Conócela antes, haz *casting* y no te comas lo primero que veas. Por eso el hambre es una mala posición, porque no puedes hacer *casting* y observar, lo que te urge es llevártelo a la boca porque mueres de hambre. Si tú eres un buen MA-PA de ti, no estarás en estado de inanición afectiva, tendrás el amor propio para conocer a tu pareja y saber que puedes con tu maleta porque, sin duda, también la vas a cargar.

Esto no quiere decir que te encontrarás a una persona sin maleta. Es un buen comienzo cuando una persona es consciente de su maleta. La conoce y se hace responsable de ella, perfecto. Esa persona es un buen candidato. Una persona que ni se lo cuestiona, ni tiene idea, ni habla de eso, sin duda, podría ser un cavernícola en la relación. Alguien que no asuma nada, ni pida disculpas por sus errores, ni mejore sus comportamientos. Hay que aprender a hablar de todo esto en pareja, hay que establecer una comunicación afectiva con el corazón, respetando muchísimo lo que se comparte desde este lugar del corazón.

Si lastimas al otro con la información que te compartió en estado vulnerable, le rompes el corazón y te lo rompes tú, porque tú también necesitas saber que puedes ser una persona más respetuosa y amorosa.

## LO QUE LE HACES A LOS OTROS TE LO HACES A TI, DECÍA EL SABIO LAO TSÉ

Somos capaces de mirar al niño del otro y entenderlo sin permitir que ese niño rompa la bajilla, porque una cosa es empatizar con el niño herido de tu pareja y otra es permitirle cosas.

Pongamos el caso de Laura y Óscar. Laura es una mujer fuerte e impulsiva. Acostumbrada a ir rápido en todo y a atropellar a quienes no van a su ritmo, es una mujer que creció en ese ritmo, con la idea de construir seguridad, reconocimiento y estabilidad. Tuvo un padre ausente que nunca se hizo cargo de sus necesidades y también una madre ausente porque siempre trabajaba. Laura no tuvo infancia, creció neurótica por crear estabilidad y dinero.

Óscar es un hombre que aprendió a vivir la vida muy cobijado por su madre, que lo cuidó y protegió enfermamente. Esto provocó que sus hermanos lo rechazaran, lo criticaran por ser el protegido de mamá. Todo el tiempo lo hacían sentir un pendejo por ese amor enfermo de su madre y los celos de sus hermanos. Óscar y Laura son pareja, ella es una mujer que se desespera muy fácilmente con todo lo que no va a su ritmo y desea que Óscar actúe de la misma forma que ella. Cuando no lo hace, le dice cosas como: "No puede ser que no se te ocurra esto", "todo hay que decirte", "qué no es obvio que debías pagarlo", ella *no le dice pendejo*, pero *sí se lo dice*.

Si Óscar entra al juego de su infancia, se sentirá un pendejo e impotente ante la masculinidad de Laura, que espera que todo se resuelva con base en sus expectativas. Si Óscar se respeta y es un buen MA-PA, entonces entiende que si le permite esto a Laura estaría abandonando a su niño. Sabe que debe poner un límite muy claro para que ella no vuelva a hacerlo o entienda lo doloroso que es para él, así que tendrá que tomar decisiones muy claras al respecto.

El dolor de tu niño no es negociable. Si alguien lo patea y tú lo permites, no hay forma de que confíe en ti, no hay camino de sanación ni realidad que sea buena. Primero, debemos ser leales y estar completamente aliados con nosotros. Esto les enseñará a las personas que nos aman a respetarnos. No podemos pedir respeto si nosotros no nos respetamos.

Como me da miedo perderte, permito que me patees. Eso es un abandono de ti, no puedes permitirlo porque lo pagas muy caro y te condenas a una vida de dolor. Nunca te hará sentir feliz una persona que niega tu valor. Eso es muy caro para tu vida, tu autoestima y tu merecimiento.

La mayoría de las veces lo permitimos por la necesidad de ser amados al precio que sea, al precio de mi bienestar y de mi integridad. Pero si te haces un buen padre de ti y construyes apoyos en tu vida, un día dejarás de permitir que esto pase y la persona que te ama entenderá que o lo respeta o no estarás con él o ella, porque primero te amas tú.

Es terrible construir relaciones de tanto dolor, donde sabemos el dolor del otro y por ahí lo lastimamos. En esta vida hay personas de todo tipo, pero, créeme, si tú no eres así contigo, nadie lo será. Si estás convencido de tu valor, las personas te valorarán. Todo parte de ti y de tu manera de mirarte.

Recuerdo el doloroso caso de Elsa, una chica que tuve hace muchos años en terapia. Ella permitía las peores crueldades de un enfermo con el que se topó. Un tipo que la golpeaba casi dejándola muerta y así, llena de sangre, la penetraba, le decía cosas como que era su depósito de semen y otras crueldades horribles. Cuando ella me contó su historia fue muy fuerte para mí escuchar cómo su padre la despertaba ebrio por las madrugadas para que ella se viera al espejo, mientras le decía que era una basura, que era fea, que nadie la quería.

Ella era una linda chica. Es increíble cómo podemos tener una imagen tan distorsionada de nosotros, al recibir de nuestro entorno tanto dolor y odio. Ella tenía un padre que odiaba a las mujeres, estando tan chiquita, Elsa internalizó ese odio hacia ella con un rechazo brutal.

Ese sentimiento se cambia pidiendo ayuda, se cambia soltando a las personas que nos lastiman. Se trabaja con una buena terapia y el compromiso con uno mismo. ¿Cuántos de ustedes han trabajado mucho en cambiar su forma de verse? Si nos hubiéramos quedado con la imagen que reflejaron nuestros padres, no tendríamos recursos. Mi padre me hacía sentir poca cosa cada que decía que iría a verme y me dejaba plantada, me hacía sentir que no valía nada para él. Tuve que cambiar eso después de muchas veces que me traté así y permití que las personas me trataran así. Hay que caminar y un día llega, un día llega, no lo dudes, sólo camina y no pierdas el enfoque.

Esa voz que te dice no vales se desvanece por una voz que afirma: eres buena, capaz y suficiente. En mis cursos siempre les digo: "Si te enseñaron a mirarte en un espejo roto, cómprate uno nuevo."

# 7

# Las cinco heridas en pareja

# Instrumento DHE (elaborado por Anamar Orihuela)

Coloca una paloma en los incisos que te describan mejor y al final cuenta el total de palomas del segmento.

## Segmento 1

| | |
|---|---|
| 1. A lo largo de tu vida has tenido un fuerte sentimiento de falta de pertenencia, de estar fuera de lugar con tu familia, en la escuela, etcétera. | |
| 2. Eres una persona que prefiere estar sola, la relación con otros nunca ha sido importante. | |
| 3. La forma de ser visto es haciendo las cosas bien. | |
| 4. Te cuesta trabajo pedir lo que necesitas y pasar inadvertido. | |
| 5. La relación con personas de tu mismo sexo siempre ha sido difícil. | |
| 6. Tus temas de salud están en vías respiratorias y en la piel. | |
| 7. La relación con el padre de tu mismo sexo es como alguna de estas dos formas: lejana y fría o demasiado cercana y sobreprotectora. | |
| 8. Sientes que tienes un mundo propio en tu interior y pasas mucho tiempo divagando en él. | |
| 9. Te cuesta trabajo sentir que puedes ser importante para las personas. | |
| 10. Sueles rechazarte y rechazar a otros, relacionarte es amenazante. | |
| 11. Dudas mucho de tus capacidades, te cuesta confiar en que puedes. | |
| **TOTAL DEL SEGMENTO 1:** | |

## Segmento 2

| | |
|---|---|
| 1. Regularmente te sientes triste y con un vacío que nunca se va. | |
| 2. Te cuesta trabajo desprenderte de cualquier persona o cosa, conservas muchos objetos, apuntes, etcétera. | |
| 3. Tienes actitudes fuera de control como celos, berrinches y reacciones sobredimensionadas. | |
| 4. No sabes terminar con relaciones que ya no son sanas, sientes que no podrás sol@. | |
| 5. Sientes que las personas no te quieren y no entienden tus necesidades. | |
| 6. Te has sentido responsable de las actitudes violentas o irrespetuosas de tu pareja. | |
| 7. Tienes una constante sensación de que nada es suficiente. | |
| 8. Te cuesta poner límites y pedir claramente lo que necesitas. | |
| 9. Sueles tener relaciones de dependencia, donde dependen de ti o tú dependes del otro. | |
| 10. La estructura, la disciplina, terminar lo que empiezas, sostener proyectos es un conflicto en tu vida. | |
| 11. Vives en una esperanza emotiva, crees que algo bueno vendrá y cambiará mágicamente a las personas y las situaciones. | |
| **TOTAL DEL SEGMENTO 2:** | |

## Segmento 3

| | |
|---|---|
| 1. Eres un experto en hacerte cargo de alguien más y cargar sus problemas. | |
| 2. Sientes que a veces haces cosas por personas pero no haces por ti. | |
| 3. Eres una persona simpática y haces reír a los demás. | |
| 4. Tu cuerpo te hace sentir avergonzado. | |
| 5. Sientes que tu madre siempre ha tenido altas expectativas de ti. | |
| 6. Te cuesta mucho trabajo atender tus necesidades, como ir al doctor, comer sano, hacer ejercicio, etcétera. | |
| 7. La sexualidad es un tema tabú en tu vida. | |

| | |
|---|---|
| 8. Tienes hábitos masoquistas como comer en exceso, fumar, aguantarte para ir al baño, sacrificarte. | |
| 9. Comunicar lo que sientes, piensas y necesitas te avergüenza, sueles quedarte callado. | |
| 10. Sientes que das mucho y las personas no te corresponden, y muchas veces abusan. | |
| 11. Comúnmente sientes pena o vergüenza por muchas personas e intentas ayudarlas. | |
| **TOTAL DEL SEGMENTO 3:** | |

## Segmento 4

| | |
|---|---|
| 1. Sientes que no confías en general o que primero desconfías de todo. | |
| 2. Con regularidad tienes pensamientos paranoicos de que algo malo va a pasar. | |
| 3. Tienes muchos talentos como convencer, ser estratega y muy mental. | |
| 4. Vas a un ritmo acelerado y eres impaciente e intolerante con los que no lo son. | |
| 5. Crees que siempre tienes la razón y te cuesta reconocer que no es así. | |
| 6. Te atemoriza que te mientan, eres muy neurótico con ese tema. | |
| 7. Te cuesta trabajo ser vulnerable y recibir. | |
| 8. Tu actividad mental es muy intensa y estás en varias cosas a la vez, pensando siempre en lo que vendrá. | |
| 9. Tienes alma de líder y enfureces cuando las cosas no salen como quieres o hay algún imprevisto. | |
| 10. No sabes estar en la incertidumbre y experimentas mucha ansiedad en ella. | |
| 11. Te cuesta ver la fuerza en los otros y crees que nadie lo puede hacer tan bien como tú. | |
| **TOTAL DEL SEGMENTO 4:** | |

## Segmento 5

| | |
|---|---|
| 1. Te sientes inflexible y sueles ver las realidades en blanco o negro, los grises te cuestan. | |
| 2. Todo, nunca, siempre, nadie, son modos de pensar muy comunes en ti. | |
| 3. Eres una persona sensible que se conmueve fácilmente, pero te cuesta permitirlo. | |
| 4. El orden, la disciplina, el mérito, el esfuerzo son temas básicos de tu vida. | |
| 5. Eres crítico, autoexigente y buscas hacer lo correcto. | |
| 6. Eres una persona que le gusta cumplir las metas y ponerse retos. | |
| 7. Te cuesta trabajo pedir ayuda o ser vulnerable. | |
| 8. Cuando te das cuenta de que estás en un error de inmediato buscas cambiarlo, no te gusta estar equivocado. | |
| 9. Tienes actitudes defensivas y tu primera reacción es el ataque. | |
| 10. Sueles usar ropa oscura. | |
| 11. Te sientes atraído por la religión, la moral y lo filantrópico. | |
| **TOTAL DEL SEGMENTO 5:** | |

Ésta es una forma de hacer un diagnóstico rápido de las heridas de la infancia que viven tu pareja y tú. Es para ser conscientes de las películas que viven cada uno e identificar cómo se enganchan en sus dolores e infiernos personales.

- El segmento 1. Rechazo
- El segmento 2. Abandono
- El segmento 3. Humillación
- El segmento 4. Traición
- El segmento 5. Injusticia

Hace varios años, Lise Bourbeau escribió un libro que cambió mi vida, *Las 5 heridas que impiden ser uno mismo*. Recuerdo perfectamente el día que me encontré con ese libro, como esos momentos inolvidables porque al tomarlo sentí algo muy especial, como si el libro me llamara. Yo iba pasando por un pasillo de la librería con otro libro que había comprado. Sentí que algo en mí, una especie de voz interior que da certeza me hizo voltear, mirar el libro y sin ninguna referencia comprarlo. Los años siguientes lo estudié.

Después de muchos años de ponerlo en práctica de manera personal y en mi terapia, tomé un curso con Lise. Se trató de un encuentro especial, no sólo para mí, porque yo la admiraba y me sentía conectada y agradecida por todo lo que había aportado su libro a mi vida, mi sorpresa fue que ella me dijo que sentía una bella conexión entre las dos, que estaba segura de que no sería la última vez que nos veríamos. Fue muy bello para mí porque ella no permitía que los participantes se tomaran fotos ni que se acercaran mucho. Fue muy natural estar cerca y hablar con mucha conexión y respeto.

Nos conectamos con las personas que admiramos y, de alguna manera, nos ponemos en sintonía con las verdades que representan. Para mí, ella es una maestra a distancia. Así, todos nos ponemos en contacto con ideas, personas y filosofías que, sin importar la distancia, cuando nos conectamos nos acercamos y crecemos juntos.

En este capítulo quiero hablar de las películas que son modos de interpretar la realidad en relación con las cinco heridas de la infancia. Si quieres saber un poco más sobre cada una de las heridas, te sugiero leer mi libro *Transforma las heridas de tu infancia*, en él explico con detalle cada herida y su camino de sanación.

Si crecimos en ambientes descalificadores y hostiles, con experiencias dolorosas con nuestros padres, maestros, hermanos o con alguna figura de autoridad que nos atacó, descalificó, criticó o rechazó, se grava una memoria en el cerebro reptiliano, del cual hablamos en los primeros capítulos. Y, de manera automática y sin pensarlo, cada que algo me recuerde a esos momentos se activará un mecanismo de defensa con el que me cierro y me defiendo.

Ése era el caso de José. Él tuvo un padre alcohólico y una madre desesperada y llena de ira todo el tiempo, con cinco hijos. Su mamá estaba tan enojada con su padre y con la vida que todo el tiempo era muy tóxica. Tenía mucho miedo de que José se pareciera a su papá. Él era el primogénito y el único hombre, por lo que su madre lo trató con mucha dureza. Lo controlaba, lo rechazaba, lo limitaba en permisos, era súper exigente.

Para José, su mamá era un peligro. Aunque era rebelde con ella, en realidad le temía y le dolía porque sentía que no lo amaba. José se casó. No era alcohólico, pero tenía un problema: no confiaba en las mujeres. Cada que Silvia, su esposa, le decía algo, él sentía que escuchaba a su mamá descalificándolo y controlándolo, por lo que reaccionaba a la defensiva. No tenía la capacidad de escuchar y observar objetivamente lo que estaba pasando.

Cuando la película se activa en nuestra memoria reptiliana, se nos nubla la vista, perdemos la objetividad y sentimos que hay que defendernos. "Ya no está mi esposa Silvia frente a mí, está mi madre Nora y mi niño herido la odia por cobrarme una factura que yo no debía ni tenía por qué pagar."

Esto nos puede incapacitar en las relaciones de pareja. No pueden decirnos nada porque sentimos que hay que sacar el machete y cortar cabezas. Si el enojo y el dolor es mucho, la reacción es más agresiva y la capacidad de darte cuenta de que no es tu madre, tú no eres un niño y la realidad no es como la ves, es casi nula.

¿Cómo reaccionas cuando te sientes ignorado, descalificado, exigido, abandonado? ¿Te han dicho que exageras? O, de pronto, ¿haces o dices cosas de las que te arrepientes, porque tu comportamiento estuvo fuera de control? Esto es lo que llamo "activarse la película de dolor". Cuando esto sucede, empiezas a vivir las experiencias fuera de dimensión, cerrado y sin capacidad de resolver adultamente la situación. Por ejemplo, vas en el auto con tu esposa y te pide que aceleres. Lo que escuchas es: "¡No sabes manejar!", tu reacción escalará a un nivel donde no están pasando las cosas. No es lo mismo una petición que una descalificación.

Si conocemos nuestras propias películas y nos observamos cuando esa reacción instintiva quiere el control, podremos pausarla, respirar profundo e intentar salir de esta manera de vivir las cosas. No es nada fácil, sobre todo cuando tienes mucho dolor. Es un trabajo muy arduo, de mucho amor y respeto por la persona que tienes enfrente. También implica hacer un trabajo terapéutico con el Niño Agredido, con el niño violentado, amarlo y asegurarle que nadie lo agredirá, decirle que te permita cuidarlo porque solo tú sabes cuando hay agresión y cómo resolverla. Por eso nunca debes educar a un hijo con golpes, esa violencia la llevará consigo en todas sus relaciones.

Tenemos adicción a nuestra película y llamamos de alguna manera esos comportamientos en nuestra pareja. En la película de José, él no confiaba en las mujeres porque pensaba que lo controlarían como su mamá. José siempre se endeudaba con las tarjetas, y cuando Silvia se daba cuenta, José debía muchísimo dinero. Así que ella controlaba todo lo que compraba y José se ponía a la defensiva.

De alguna manera, este comportamiento incitaba el control de Silvia porque era un niño que necesitaba freno. Si Silvia fuera más adulta, dejaría que él asumiera sus consecuencias y respetaría sus decisiones, pero ella también tenía su propia película de control y de manera automática empezaba a comportarse como su mamá.

Todas las experiencias que nos dolieron se proyectan en nuestro presente como películas de dolor, donde nuestra defensa se activa y la inconsciencia toma el control. El día que te perdiste en el súper, el maestro que se burló de ti, tu hermano que te ridiculizaba, todo esto que te hacía sentir agredido, en peligro, solo, rechazado. Todo genera una herida que te hace reaccionar de manera defensiva e infantil.

Como verás, las heridas de la infancia son todo un tema, así como las películas que se activan en nuestra cabeza con base en las heridas en todos los ámbitos de nuestra vida, en el trabajo, con los hijos, con los amigos. La reacción es impulsiva, defensiva, irracional, adolorida, cerrada y sin solución.

Este capítulo está pensado para que logres identificar tus películas. Y cuando estés en tu relación de pareja, identifiques cuál es el lente y veas cómo reaccionas. Describiré cinco películas típicas con base en las cinco heridas de la infancia. Observa cuál es tu película y cuál es la de tu pareja, luego reflexiona la dinámica que se genera entre ambos cuando están viviendo desde este dolor y los mecanismos de sus niños heridos para defenderse y no salir del dolor.

Es importante entender que tenemos más de una herida; Lise dice que tenemos las cinco heridas. Lo que he podido observar es que tenemos activas tres heridas y quizá en otra etapa de nuestra vida se activen otras. Las heridas están activas en el estado Niño de los estados de Yo que he explicado en el capítulo cuatro y que toman el control de distintos ámbitos de nuestra vida.

# TIPOS DE PELÍCULAS CON BASE EN NUESTRAS HERIDAS

### Herida de rechazo. Película: *Algo está mal en mí*

En este guion, la persona tiene una parte aislada, solitaria y con un sentimiento de no pertenencia. Siente una fuerte necesidad de mostrar su valor y ser aceptado. Muy probablemente creció con un padre del mismo sexo que era igual, aislado y poco involucrado. En el fondo, siente un fuerte rechazo hacia su persona, no cree en sus capacidades, su autoconcepto es de una persona que algo tiene mal y por eso es rechazada. Cuando más grande es su dolor, más es su falta de pertenencia, y cuando la persona tiene activa la herida, se cierra, se aísla y rechaza a los que lo aman.

En las relaciones de pareja, lo que más le duele es no ser suficiente y ser rechazado, ser ignorado, comparado o descalificado. No dice lo que siente, le cuesta ser afectuoso y es, por momentos, lejano y está en su propio mundo. Le cuesta el contacto físico y la primera impresión que da es ser indiferente con los demás.

Este comportamiento fue conformando su personalidad, desde su infancia, en un intento de cubrirse del rechazo que sentía. Pero hay momentos en que ese dolor es tocado, y los comportamientos aumentan y se hacen más rigidos. Si toca su herida, puede aislarse y desconectarse, consumiendo alcohol, drogas, trabajando, en la música, el internet; es como una forma de huir del mundo. Esto puede hacer sentir a su pareja solo y rechazado de manera permanente; todo depende de qué tan presente esté el dolor en la persona.

La película del rechazo termina confirmando tu dolor; soy rechazado, no soy suficiente, no pertenezco.

## Herida de abandono. Película: *Estoy sola*

La persona que tiene esta herida ve la vida con los lentes de un niñ@ desvalid@, sol@ y sin recursos para cuidarse y estar bien. Es pasiva en sus decisiones y necesita que la respalden en todo. Se siente víctima de las circunstancias, sin responsabilidad que asumir, ni fuerza para cambiar la realidad. Es dependiente y establece relaciones de pareja donde busca que la cuiden, le resuelvan, la protejan, le digan lo que tiene que hacer.

Tú puedes tener un Adulto Independiente y líder en tu trabajo, por ejemplo, pero tener la herida de abandono activa en tu relación de pareja y sentir que no eres amada, que nada es suficiente y vivir como una niña frágil buscando amor y protección. La soledad te aterra y, por momentos, puedes sentir un vacío y desamparo fuera de contexto. Tu miedo al abandono te lleva a no poner límites, no decir lo que piensas y permitir para retener.

Con la pareja se activa cuando sientes que se va y te abandona. Generalmente se trata de fantasías. Desde que en una discusión sale de casa y dispara tu miedo al abandono, hasta un viaje o cuando no te contesta el teléfono y empiezas a sentir una angustia irracional. Cuanto más dolorosa sea tu herida de abandono, más eres dependiente e incapaz de separarte de tu pareja, aunque la relación ya no funcione.

## Herida de humillación. Película: *La vergüenza*

La persona con esta herida creció y vive con un sentimiento de culpa y vergüenza permanente. Por su físico, su condición social o alguna situación que le hace sentir que debe esconderse, que no es digno y debe compensar para que no se sienta avergonzado de sí mismo. Crea dinámicas en sus relaciones donde cuida, protege, resuelve y es incondicional para su pareja y las demás personas. Es complaciente y tiene parejas que lo controlan. Tiene o tuvo una madre o padre controlador, que no le dio el derecho a ser y, de alguna manera, lo enseñó a complacer en sus dinámicas de pareja.

Cuando esta película se activa en tu cabeza, te sientes culpable y responsable de tu familia, pareja, hijos, etcétera, y quieres rescatar, ayudar, apoyar y resolver todo. Esto desde un sentimiento de culpa, como una carga que te toca llevar.

Es codependiente, hace todo por ayudar a otros y se enfoca en lo que los demás esperan o necesitan del él, casi nunca en lo que él o ella necesitan, es algo de lo que no tienen la menor idea.

Ser incondicional genera abuso. Actuar con base en las necesidades de los demás te desconecta de las tuyas. La película termina en un abandono por abuso, te sientes una víctima y culpable por haber sido incondicional.

## Herida de traición. Película: *No hay nadie en quien confiar*

La herida de traición se generó en tu infancia por una condición de mucha incertidumbre, llena de cambios y conflictos. También puede ser aprendida de una madre o un padre muy controlador, o a través de una decepción con alguno de tus padres, en general del sexo opuesto, donde no era lo que pensaste. Por ejemplo, tú idealizabas a papá y te enteraste de que le era infiel a mamá o viceversa.

Esta herida te hace perder la confianza en las personas y el entorno, por lo que te defiendes controlando todo. En el fondo, hay mucho miedo de ser traicionado de nuevo y, aunque nadie pensaría que es miedo porque tu imagen es de una persona fuerte y en control, todo tu control es un intento de controlar ese miedo a que las cosas te sorprendan, salgan de tus expectativas y pierdas el control.

La persona que tiene esta herida, probablemente, tuvo que crecer rápido y no desarrolló confianza en ser protegido o en que todo estaría bien. Hoy controla, mentalmente se anticipa a lo que pasará, va rápido, tiene expectativas para todo, es impaciente, perceptiva, desconfiada, le gusta tener la razón y no sabe ser vulnerable.

Cuando esta herida se activa en tu relación de pareja, te aterra que te mientan y estás desconfiando y observando todo el tiempo en qué miente tu pareja. Buscas meterte en su mente para saber qué piensa y anticiparte a todo. Eres muy hábil, con muchos talentos, con un ego fuerte. Tu arma es lograr que las situaciones y las personas sean lo que esperas, como dices y cuando dices.

Esta herida no te permite ser vulnerable. En el fondo sientes que todos traicionan de una u otra forma, y estás esperando que eso pase como siempre. Te cuesta reconocer que te equivocas y puedes caer en mentiras y justificaciones. El punto más doloroso es la poca capacidad de recibir, el estado de alerta constante y la defensa ante personas que en realidad te quieren.

El enojo, el control, la rigidez, el ego, la defensa, la desconfianza son las señales del dolor activo y la activación de la película en tu cabeza, que termina diciéndote que al final te traicionó, que tus expectativas no fueron cumplidas y reafirma que no hay nadie en quien confiar por lo que hay que estar alerta.

## Herida de injusticia. Película: *No tengo derecho a equivocarme*

En esta herida predomina la necesidad de justicia. Aquí se aprecia a una persona que creció con padre o madre, o en un ambiente severo, rígido, exigente, o que tuvo la necesidad de poner orden y disciplina a su vida por padres caóticos y sin estructura.

Fue un pequeño sin derecho a ser espontáneo, a cometer errores, a jugar y a ser niño. Hubo exigencia, frialdad y padres con actitud crítica y rígida. Hoy es un adulto perfeccionista, ordenado, quiere ser justo y hacer lo correcto ante todo. En las relaciones es estructurado, poco espontáneo, y con él o ella todo es planeado y está en orden.

Pierde frescura al buscar que todo sea correcto pues actúa desde el *tengo* y *debo*.

Cuando más activa está la película en su cabeza, más duro, más crítico y frío es. Se exige, se enoja con toda la injusticia y la imperfección, y éstas lo persiguen en todo. Entonces se convierte en una persona que disfruta poco y que cae en los extremos. Los grises le cuestan mucho. Es mental, analítico y físicamente su aspecto es perfecto y su cuerpo bien proporcionado. Se cuida mucho. Excelente empleado o persona de éxito laboral, su problema está en el área afectiva. Aunque es una persona que siente mucho, no se lo permite, le cuesta mucho ser vulnerable, sacar al Niño y disfrutar.

La película está en relación con su poco derecho a ser quien es, a sentir y ser libre. No se lo permite, quiere todo perfecto y hacer lo correcto. De alguna manera, enseña a su entorno a exigirle y demandarle. Puede tener parejas víctimas para estructurar sus vidas, o bien, parejas rígidas que compiten por la perfección.

Mientras más exigencia, más perfección, más *deber que*, *tener que*, más activa estará la película. La película se pone en pausa cuando te permites ser tú y haces cosas por querer y no por deber, cuando te permites sentir y disfrutar lo que eres sin rigidez.

De alguna manera, moldeamos a las personas con las que nos relacionamos, lo que somos y la forma en la que nos tratamos llama cierto comportamiento en la otra persona. Si soy muy exigente conmigo, enseñaré eso a las personas. Entonces, me exigirán de la misma manera o buscarán que las estructure.

Las heridas de la infancia fueron vividas en una etapa tan temprana que moldearon nuestra personalidad y la forma en la que nos veíamos y observábamos el mundo. Tenemos una personalidad formada por ese dolor, pero también, de pronto, se activa la memoria del dolor y el comportamiento se *rigidiza* y aumenta la defensa. Esto es cuando entra el cerebro reptiliano que tiene el trauma en la memoria y empieza a comportarse fuera de control.

Es indispensable conocer nuestras heridas. No conozco una sola persona que no las tenga, todos tenemos experiencias de la infancia que nos hicieron sentir en riesgo, con miedo, solos, vulnerables, etcétera. Y, en mayor o menor medida, ese dolor y ese miedo son parte de una herida que se activa en mí y está en el registro de mi inconsciente.

Más de ochenta por ciento de nuestras heridas son herencias del dolor de nuestros padres que, de alguna manera y la mayoría de veces sin querer, las transmiten sin ningún esfuerzo. Hay una etapa en la infancia que copiamos todo su registro emocional, vibramos en el mismo canal emocional y aprendemos todo lo que son nuestros padres.

Este Niño Herido tomará muchas de las decisiones de tu vida. Estará al frente en los momentos de crisis y dolor, cuando sientes que debes defenderte del otro, cuando algo te hace sentir inseguro; cuando estés en una discusión fuera de control es él quien lleva la batuta. Hay una imperiosa necesidad de conocerlo, saber cuándo, qué le puso *play* a la película y, sobre todo, tener la capacidad de *pausarla* para ver con objetividad lo que pasa.

Como dije en el capítulo de los estados del yo, la forma de hacer que este niño herido deje de ser el capitán de las situaciones más importantes de tu vida y confíe en ti, es aprendiendo a conocerlo, escucharlo, saber lo que necesita, protegerlo y convertirte en su MA-PA, proceso de vida donde desactivas las defensas y te permiten enterarte de que la infancia ya pasó, que las realidades hoy son muy diferentes y es momento de elegir la forma en la que queremos responder ante la vida y no con base en un dolor y un patrón que reproduce el mismo disco que cansa y duele.

Hoy, el mayor reto es conocer a tu niño y su herida; hacer que confíe en ti y puedas dejar de actuar impulsivamente. Tomar un curso, ir a un retiro o acudir a una terapia para escuchar lo que tanto dolió y nadie escuchó ni permitió procesar y entender. No se trata de re-victimizarnos, sino de validar lo que vivimos y acompañarnos para entender, desde un punto de vista amoroso, que no fue tu culpa y hoy no volverá a pasar o liberar eso que se ahoga en el cuerpo.

El dolor no expresado se queda atrapado en el cuerpo físico y emocional, no importa que ya hayan pasado cincuenta años. Cuando se libera ese dolor, es como si estuviera vivo y hubiera sido ayer. El dolor no se va aunque lo ignores, y las heridas no se sanan entendiéndolas, se sanan sintiendo y resignificando adultamente esa experiencia en tu vida y en todo lo que hoy eres.

Uno puede entender que creció con muchas carencias o que su papá fue muy duro, pero el día que validas lo que significó ese vacío, el día que sientes el dolor de esa indiferencia y esa dureza, y la vives en el presente y te acompañas en tu sentir, sabiendo que estás ahí para ti y elegir que hoy tú no te harás lo mismo ni a ti ni a los tuyos. Entonces, esa herida habrá encontrado un camino de sanación, una defensa crece y el dolor disminuye.

Nadie sana únicamente entendiendo. Entender es importante, pero también se convierte en una muralla de control de lo que siente, de desconexión de tu dolor. Por eso hay muchas personas que leen libros, toman cursos, llevan veinte años en psicoanálisis y no pasa nada en sus vidas, porque no han tocado dolor y se la han pasado entendiendo mil cosas.

La forma de mover resistencias es resignificando el dolor, validando las experiencias que hoy tocan tu dolor; a veces ni siquiera es un viaje al pasado, es un validar lo que en tu presente no fluye, no te permite ser feliz, te lastima, te pone a la defensiva y detrás de eso hay historia y mucho dolor que sanar.

Necesitamos una terapia que nos centre en lo que sentimos, que nos reconecte con el cuerpo, que nos dé herramientas para acompañarnos en los momentos cuando el dolor se activó, porque siempre será parte de la vida. En el proceso de vida, el dolor estará presente y te ayudará a desenredar un nuevo nudo. Hay personas que creen que ya no viven dolor nunca, porque ya trabajaron todo su dolor. Eso es completamente incorrecto. El dolor que ya trabajaste ya no está presente, pero siempre hay otra situación que sanar y más en una época como la nuestra, donde el dolor está a flor de piel todo el tiempo.

No le tengas miedo a tocar tu dolor, se vale sentir, tu dolor es importante. Acompáñate, abraza tu historia y ama al niño que fuiste, por el cual hoy sólo puedes sentir orgullo por tantas cosas de las que sobrevivió y eso que no era responsable. Tenías derecho a la aceptación incondicional, a ser respetado y a que tus necesidades fueran llenadas, a crecer siendo un Niño Libre con derecho a ser tú mismo.

Ese es el reto: recuperar el verdadero Yo, expresar lo que somos en verdad y necesitamos; expresarnos en una vida más auténtica con relaciones que conozcan lo que somos y lo respeten. Aprender a construir relaciones en libertad, donde no debes ser lo que yo espero, ni llenar mis necesidades por obligación o deber. Donde no tengo que defenderme de ti, ni queremos controlar nuestras vidas, queremos y elegimos compartir, llenar nuestras necesidades por elección y no por obligación.

Saber que amamos, que somos confiables, respetar nuestra palabra, romper nuestros vicios, aprender a pedir perdón, a resolver los conflictos hablando, a disfrutar la vida acompañado, es una oportunidad para ambos, en un viaje que sanará nuestras vidas. Eso es una bendición enorme.

Seguir traicionando, controlando, lastimando, manipulando, siguiendo los mismos juegos donde lastimamos, nos defendemos, sólo nos deja atrapados en la infancia, nos deja atrapados en el mismo vacío que sentiste cuando eras niño, en una historia de dolor interminable que deja mucha frustración para ambos.

Cuando somos responsables de nuestras heridas y amorosos con nosotros, podemos serlo con otras personas, con nuestra pareja. Es indispensable crecer, reconocer el dolor que cargamos y caminar con una actitud más consciente. Ser responsable de nuestras carencias y dejar de generar tanto dolor.

Sanar es una elección, es un camino en el que, desde el día uno, estás más consciente de ti y eres respetuoso con lo que sientes y necesitas. Te empiezas a sentir bien, es un camino sostenido donde el reto es no perder el enfoque y la inspiración.

Como todo lo que se busca conquistar o lograr, sólo puedes hacerlo si trabajas, si te mantienes en esa idea y libras la batalla de las batallas contra tus miedos, contra tus resistencias. Ésa es la gran batalla de todos los días: con los viejos patrones, con las viejas defensas que no quieren dar su brazo a torcer. La vida en consciencia es difícil, es un reto, pero también es altamente liberadora porque por fin entiendes que puedes tener la vida que deseas y no eres una víctima de las circunstancias.

Las heridas se sanan en una sana relación con los demás, como dicen en la Gestalt: "Lo que se rompió en relación se repara en relación." Debemos establecer relaciones sanas, honestas, vulnerables y verdaderas. Ir a la conquista de la persona adulta en ti. Desde el Niño Herido solemos iniciar juegos, malos entendidos, mentiras, etcétera.

A continuación, pongo algunas áreas de la vida donde el Niño Herido puede estar. Teniendo en cuenta el control, observa si te identificas con alguno de los comportamientos clave que puse o piensa en otros que sientas que te hablan o se expresa tu parte herida.

# ÁREAS DE LA VIDA

Estos son algunos ejemplos, piensa en tus propios hábitos.

## 1. Físico-salud

El Niño Herido está activo en esta área cuando:
- Tienes sobrepeso.
- Tienes una enfermedad crónica.
- Rechazas tu cuerpo y lo alimentas mal.
- Eres negligente con tu salud y tu cuerpo.
- Eres muy rígido en la alimentación, el ejercicio, etcétera.

## 2. Sexual

El Niño Herido es el capitán si:
- Vives la sexualidad con compulsión y adicción.
- Te cuesta sentir placer y no has vivido orgasmos.
- Si no aceptas tu sexualidad y la desnudez es de terror.
- Si tienes prácticas sexuales que te denigran o te hacen sentir culpable.
- Si rechazas tu orientación sexual y la escondes.

## 3. Laboral

El Niño Herido es el capitán si:
- Vives relaciones laborales de maltrato y abuso.
- Te quejas de todo y críticas sin resolverlo.
- Te sientes en una carrera por demostrar que vales.

- Te saltas las reglas y quieres que sea todo a tu modo.
- Quieres controlar todo, eres impulsivo y no sabes delegar.
- Tu trabajo es tu mundo y tu refugio.

## 4. Pareja

El Niño Herido es el capitán si:
- Tienes relaciones donde te sientes vacío, a la defensiva, solo.
- No sabes estar en paz y vives mucha angustia.
- Controlas, celas, rescatas, no confías.
- Abandonas tus relaciones de alguna manera.
- Mientes, lastimas, no sabes amar.

## 5. Familiar

El Niño Herido es el capitán si:
- Vives con tus papás pasando los veinte años y pagan tus cuentas.
- Eres el papá de tus papás y vives amor-odio con ellos.
- Les pides opinión para tomar todas tus decisiones.
- Nunca los ves y estás desligado completamente de ellos.
- Eres igualito a tu padre o madre ausente.

## 6. Social

Tu Niño Herido es el capitán si:
- Te cuesta sentirte aceptado.
- Tus relaciones duran poco o son superficiales.
- Sólo pides que te den y nunca das o das sin recibir.
- Abandonas a tus amigos con facilidad.
- No hay verdadera intimidad. Siempre desconfías.

Estas áreas son las de relación contigo y de relación con otros. Una persona sana tiene áreas de relación activas, donde encuentra aceptación y amor en su familia, sus amigos, su pareja y en la relación consigo.

Es dar y recibir, compartir y disfrutar la presencia del otro. ¿Has tenido alguna relación donde te sientas aceptado de manera incondicional? Libre de ser tú y con la certeza de que serás amado y no juzgado.

Seguro que hay pocas personas que vienen a tu mente, si no es que ninguna. Si tienes la fortuna de tener a esas personas en tu vida, dedica en este instante un pensamiento de amor y agradecimiento por permitirte sentir el amor incondicional y la oportunidad de ser aceptado como eres.

Doy gracias a (ponlas en esta lista y aprecia que son tesoros en tu vida):

- _____
- _____
- _____
- _____
- _____
- _____

Si observas que en todas las áreas de tu vida se está expresando tu parte herida y, además, no tienes personas con las que puedes ser tú. Sin juegos y con total aceptación, es momento de trabajar y elegir cambiar tu vida, cambiar tu manera de relacionarte empezando contigo.

No des por hecho que así son las cosas y no pueden cambiar. Todo puede cambiar, sólo basta con quererlo de verdad, quererlo con mucha voluntad y deseos de moverte. Los cambios nacen de voluntades puestas en marcha y no de buenos deseos. Sólo renuncia a tu hábito de verte solo, defendido y enojado con la vida porque desde que empezaste el viaje sólo has conocido carencia.

Hay historias de todo, quizá en la tuya hay mucho dolor, si hoy te sientes aislado y defendido. Siempre pienso que mientras más dolor, más oportunidad de crecer y sanar. La gente más poderosa que conozco viene de las cenizas, viene de situaciones donde se han enfrentado a ellos, se han atrevido a mirar y sentir su dolor y se han hecho cargo de sus sueños y de tener la vida que anhelan. No desde la neurosis, desde el amor y la consciencia de lo que son.

Para terminar este capítulo de las cinco películas de dolor y las manifestaciones del Niño Herido en las áreas de la vida, cierro con estas ideas, con esta recapitulación.

1. Lo que se rompió en relación se repara en relación.
2. Las películas de tu cabeza se pueden pausar si observas que están activas.
3. Hay varias áreas de relación que nos permiten sanar, no sólo la pareja.
4. Las heridas se sanan acompañándote a expresar el dolor que nadie acompañó.
5. Cuando se activa tu película de dolor, toda tu defensa crece.

# 8

# Comunicación afectiva

Estoy convencida de que una buena comunicación permite que las relaciones crezcan, compartan, intimen, conecten y resuelvan las dificultades propias de compartir la vida con otra persona. Las relaciones que fracasan en un alto porcentaje no sabían comunicarse ni decir lo que sentían y necesitaban, o la comunicación se cerró porque ya no confiaban el uno en el otro. Cuando sabemos comunicarnos, tenemos la posibilidad de resolver. Pero al no saber hablarlo, el punto a discutir se queda atrapado en nuestro interior y se convierte en un grave problema para cualquier relación.

¿Con quién te comunicas con vulnerabilidad y total apertura?, ¿cuántas relaciones han terminado en tu vida por no saber resolver un conflicto? La comunicación es la gran herramienta para tener relaciones sanas. Si logramos aprender a comunicarnos y darnos el derecho a hablar y decir lo que sentimos, podemos limpiar, descargar, aclarar y crear un puente para conectarnos con los otros. El problema nunca ha sido tener un conflicto, sino la incapacidad de hablarlo y resolverlo.

Cuántos de ustedes crecieron en una familia donde la regla era que los conflictos se hablaban, se resolvían o se enfrentaban. En general, crecimos en familias donde la regla era ignorar el conflicto. El conflicto lastima, no pienses en lo que pasa e ignora lo que sientes. Crecimos en familias donde eran aplaudidos guardar silencio y no confrontar nada. Hazte de la vista gorda y calladita te ves más bonita eran la regla. En esta casa nadie habla de los problemas, aquí nadie se queja, nadie pide, todos aguantamos y nos acostumbramos a desconectarnos de nuestras necesidades.

El cáncer en las relaciones sí existe y se llama enojo no expresado. Enójate con una persona y empezarás a perder la confianza en ella. Pierde la confianza y empezarás a criticarla. Critica a una persona y dejarás de amarla.

Una relación que encuentra la habilidad de hablar, de escucharse, de abrirse a entender el mundo del otro, tiene una posibilidad de crecer y convertirse en un buen amor.

Las parejas que cuando hablan no se escuchan, se malinterpretan, buscan ganar la discusión, sólo se defienden, viven perseguidos, gritan al hablar, creen que sólo ellos tienen la razón, quieren venderle su visión al otro sin entender que el otro tiene derecho de tener su propia visión, todas ellas son parejas condenadas al fracaso. No hay forma de crecer en una relación, si no se escuchan.

Hablar y escuchar es un trabajo de adultez, es un ejercicio para ganar habilidad y aprender a hacerlo sin defensas y con apertura, con verdadero interés de conocer el mundo del otro, su necesidad, su miedo, su dolor, la visión que tiene de las circunstancias que viven. Al comunicarnos, entramos en el mundo del otro y conocemos qué pasa en su interior.

La clave es que no se cierre la comunicación. La gran habilidad es mantener abiertas la escucha y la conversación. Cuando hay enojo y defensa no existe apertura. Cuando no confías en tu pareja ni en nadie, no hay forma de tener una comunicación abierta, te defenderás todo el tiempo.

Hay personas que al hablar lanzan cuchillos, esto es, critican, descalifican, pendejean, ridiculizan, ofenden. Todo esto cierra la posibilidad de comunicarse y el cáncer en la relación comienza a crecer con enojo, resentimiento y mucha defensa.

Abrir la conversación significa reconocer el error, dar valor a lo que el otro siente, asumir la responsabilidad del error, saber decir "lo siento", "tienes razón", "te pido disculpas". Cuando no tenemos autoestima, esas palabras no las conocemos. Siempre estarás peleando por tener la razón, ya que equivocarte te hace sentir un pendejo y, desde tu baja autoestima, no es posible permitirlo.

# HÁBITOS QUE CIERRAN LA COMUNICACIÓN

## 1. Pensar que el otro debe pensar igual que tú

Pensar que sólo tú estás en lo correcto es un error. Es partir de un lugar cerrado y equivocado. Hay que darse cuenta de que el otro tiene una manera distinta de ver las cosas. No se trata de cambiar su manera de verlas, sino de encontrar un camino de coincidencia entre ambas visiones distintas y validas, pero que encuentran un punto intermedio o de negociación, si logran escuchar y aceptar la visión del otro.

*#LaVidaReal*
Pedro y Tere tienen un problema constante porque él le reclama a ella que cuando van con su familia ella no lo pela en toda la tarde. Él se siente ignorado y le molesta mucho ir a casa de sus papás y pasar por esta situación.

Se lo ha explicado muchas veces pero ella lo niega: "Pero, acuérdate de que te dije si querías pastel y te tomé de la mano." Ambos tienen una visión distinta de la circunstancia y no llegan a un acuerdo porque a ella no le parece cierto y a él sí.

Ambos están en lo correcto. Si ella escucha lo que él le dice en vez de negarlo, le preguntaría: "¿Qué es lo que esperarías de mí?" Y ella le diría lo que esperaría de él cuando van a ver a sus padres; llegarían a un acuerdo donde ambos se acercaran a la necesidad del otro porque ambos tienen la razón y no sólo uno.

En una relación de pareja nunca hay una sola razón.

Aquí otro ejemplo de #LaVidaReal. Pol y Susana tienen un problema constante porque Susana está celosa de la asistente de Pol. Le llama a horas ya muy tarde, le pone *like* en todas sus publicaciones de redes. Cuando le llama, él se levanta de donde está para hablar con ella y Susana muere de celos. Susana piensa que ella quiere algo con Pol, y cada vez, que por alguna circunstancia aparece su asistente al tema, hay una discusión fuera de dimensión. Él cree que ella está loca y no debe escuchar sus celos; ella cree que él le da el lugar a su asistente y no le importa lo que sienta.

Si Pol escucha lo que Susana siente, aunque para él es claro que son fantasías y celos, podría empatizar con ella y hacerle saber que escucha lo que siente, que sólo tiene un compromiso y es con ella, que no debe temer, pero que sus celos no los puede permitir porque no sería sano para nadie. Tiene que aprender a confiar en él y Susana también tendría que entender lo incómodo que será para Pol vivir todo esto, darle un voto de confianza y respetar su relación laboral, aunque no le encante.

Si ambos se hacen cargo de su parte, si hay dos voluntades, dos ganas de escuchar al otro y dos ganas de encontrar una solución, sabrán qué hacer para que el otro esté mejor. No me refiero a correr a la asistente para que Susana se sienta mejor, ni quedarse callada para no incomodar a Pol; sino hacerse cargo de lo que sienten y encontrar un punto sano donde ambos piensen en el otro y les importe que esté bien.

El otro tiene un mundo lleno de tantas cosas incomprensibles que pueden ser difíciles de entender, pero no por eso son inválidas. Estar en pareja es hacer un esfuerzo por entender los mundos del otro, sus miedos, sus visiones, sus confusiones y aprender a caminar con eso. Pregúntate:

1. ¿Estoy abierto a entender y a respetar su mundo?
2. ¿Qué está sintiendo o necesitando de mí con lo que me dice?
3. ¿Estoy comunicando lo que siento, responsabilizándome de mi parte?

## 2. Hablar sin escuchar o escuchar sin hablar

Nada más frustrante que estar en una discusión con una persona que no dice nada. Que le explicas, le dices, te pones de cabeza y sólo encuentras silencio. Eso es una forma de violencia, es violencia porque niega e ignora lo que el otro siente, es una forma de dejar solo y decirle con silencio que no lo ves ni te importa lo que dice.

Cualquier postura cerrada afecta la comunicación. Si no quiero escuchar tus razones y sólo quiero exponer las mías, es una posición cerrada. Si no hablo de lo que siento, me quedo callado y siempre es un monólogo, donde sólo uno habla y habla y el otro no dice nada; también es una posición cerrada. Una de las características de la comunicación es que debe ser abierta y flexible.

Cuando queremos hablar, no nos importa lo que piensa o siente el otro, sólo queremos hablar de lo nuestro porque es lo único válido e importante desde nuestra posición cerrada. Saber escuchar es clave en la comunicación.

Si no tienes habilidades para comunicarte, aprende y ejercítalas, porque créeme que no hay relación sana que no implique hablar, aclarar, compartir, resolver; hablar es la escoba que limpia los conflictos y aclara los malos entendidos.

No podemos decir que amamos a una persona con la que no nos comunicamos. Esa relación está condenada al fracaso o a vivir en una supuesta relación con el vacío. Muchos de nosotros aprendimos que hablar es pelear, lastimar, destruir, y eso es incorrecto. Hablar no es defenderse, no es empezar la batalla, no es lastimar a nadie; hablar es tener la oportunidad del reencuentro, de escuchar lo que el otro siente y aclararlo para encontrarnos de nuevo.

## 3. Descalificar lo que siente el otro

Hay muchas cosas que tu pareja siente que no tienes por qué entender. Hay cosas que no se entienden, sólo se respetan. Si para la persona que has elegido como tu compañero de vida una situación es importante, entonces lo respetas, lo escuchas y, aunque no lo compartes, entiendes que es válido. Descalificamos cuando hacemos burla, cuando negamos, ignoramos, ridiculizamos, criticamos, desaprobamos, comparamos o cualquier acto que no dé espacio y valide lo que el otro siente.

Descalificar es violento y destructivo. Si lo haces lastimas la autoestima de la persona con la que compartes la vida. Eso no le conviene a nadie, no le conviene, por supuesto, a la persona que lo vive y tampoco te conviene a ti, porque una persona con menos autoestima es más tóxica en todos los sentidos.

Asegúrate de respetar los sentimientos del otro. Esto no quiere decir que es tu culpa o tu responsabilidad, quiere decir que hay que escucharlo y observar qué podrías hacer para ayudar o cuál es tu responsabilidad sin jugarle al héroe o al complaciente. No hay que hacer nada con lo que el otro siente, sólo escuchar, validar, respetar y observar, si puedes hacer algo para que esté mejor está bien, sólo que sea bueno para ambos.

## 4. Hablar de lo importante en el peor momento

Para hablar hay que dar espacio. Una pareja que no tiene espacio para hablar sólo está sobreviviendo. A la pareja que le importa la relación, buscará espacios para encontrarse, porque hace falta, debe hablar.

Entonces busca una cita para hablar, para escucharse, para hacer una lista de cosas que negociar o limpiar y encontrarles solución. Así es la vida de pareja, requiere negociación constante, hablar de lo que se siente, acompañar en los conflictos, resolverlos y crecer juntos. La persona que no entienda esto y crea que una pareja es para disfrutar los buenos momentos, es como pensar que en la vida sólo se disfruta. Eso es un error. La vida sí se disfruta, pero también duele, frustra, lloras, te enojas con la vida y todo es parte de ella.

No hay diferencia con una pareja, con una pareja te enojas, no la soportas, la amas, la extrañas, etcétera. Pero, al final, amas su presencia y tu vida es más, gracias a su presencia. No demos por hecho el tiempo, ni el compromiso, ni el amor del otro. Si tu pareja quiere estar contigo, hay que hacerlo crecer, quererlo mucho y agradecerlo con actos de amor.

*Actos son amor y no palabras*
Si tienen hijos, hay que buscar espacios de novios, sólo tú y ella. Hagan cita y busquen el espacio para hablar de lo que sienten, hablen y escúchense. Que su cita de novios tenga un espacio para hablar y un espacio para relajarse y disfrutar de lo que les gusta. Esto permite

hacer la tarea y también tener un espacio divertido, una forma de comunicación importante.

A veces, cuando tenemos varios temas que resolver o temas dolorosos que tratar, no llegamos a un acuerdo o nos quedamos enojados. Esos temas requieren varias pláticas y dejar que la emoción vaya disminuyendo, pues con el enojo a flor de piel es difícil encontrar acuerdos. Cuando cometiste un error y lastimaste al otro, debes darle espacio para escuchar cómo se siente sin culpas ni maltratos, pero sí entendiendo que sanar lleva un proceso y hay que tener paciencia.

Elige el espacio libre de celulares, radio, televisión u otras interrupciones. Se vale hacer catarsis y hablar de lo que sienten. Y después de limpiarse emocionalmente, cerrar el encuentro con algo agradable para ambos como ir al cine, hacer algo divertido, tomar una copa, hacer el amor, en fin, cambiar de chip y entender que tienen un conflicto que resolver, pero ustedes no son un conflicto, son mucho más que eso.

Durante mi embarazo de Isabella, mi esposo y yo conocimos una parte del otro que alucinamos. Yo me había encontrado con un Víctor que casi odié todo mi embarazo y él con una Ana que no conocía y que le enojaba mucho. No pudimos resolver lo que tanto nos dolió del otro en meses de pláticas. Lo hablamos, nos enojamos, lloramos, lo echamos en cara. Cada uno estaba montado en su verdad dolorosa. Y es que cuando los conflictos tienen mucha carga de Niño Herido, son mucho más complicados de resolver, hasta que cada uno abraza su dolor y su parte, y pone en dimensión lo que está pasando, te perdonas y perdonas al otro.

Hay conflictos y situaciones difíciles que nos duelen tanto del otro que podrían llevarnos a odiarnos por años o al divorcio, porque no tuvimos la capacidad de hablarlo, escucharlo y asumir la propia responsabilidad de tu impacto en el otro. Los dos teníamos razón, pero nos costó ver la verdad y tener paciencia hasta encontrar un lugar interior para perdonarnos.

Hoy ya no hay dolor, hoy hablamos de esa etapa de nuestra vida con orgullo de lo que vimos y aprendimos de cada uno y del otro. Así se ve cuando limpias una situación dolorosa. Hay más aprendizaje y crecimiento, y menos enojo y dolor. "Las relaciones se enferman en el silencio."

## 5. No verse a los ojos

Cuando doy terapia o cursos de pareja me llama la atención que cuando los pongo a mirarse a los ojos comentan que llevan mucho tiempo sin hacerlo. Siento que en la posición cerrada y defensiva se cierra nuestra mirada y nuestra vulnerabilidad con el otro. Antes de cualquier conversación, hagan el ejercicio de mirarse unos minutos a los ojos en silencio. Dile lo que sientes en silencio, sólo con tu mirada, te sorprenderás de la apertura para el contacto.

Mirarse a los ojos es un símbolo de apertura y de encuentro, comunica en un nivel muy profundo lo que sentimos y muestra lo que tenemos en el corazón. Cuando ya no puedes mirar a los ojos a la persona con la que compartes la vida, ¿qué puedes esperar de su contacto? Míralo a los ojos al hablar, al hacer el amor, al disfrutar de una cena, al ser testigos de las travesuras de sus hijos, para seducirla, para sorprenderse de la vida. Suelta esa mirada cómplice, amorosa, de contacto travieso y de compañerismo verdadero.

Mira a los ojos con apertura y encontrarás al hombre o a la mujer por la que un día dijiste: "Sí quiero compartir la vida con ella o él." Si no estás dispuesto a compartir la vida, mejor vive solo. No todos tienen vocación de pareja y compartir es un acto de valentía y adultez.

Mira a los ojos y encuentra su dolor, su enojo, su tristeza. Aunque te dé miedo o no sepas qué hacer con ella, empatiza, obsérvala y trata de entender todo lo que esa persona con la que compartes la vida siente a través de su mirada.

## 6. Sentir que si reconoces tu error pierdes

Una persona que sabe decir "lo siento" es una persona con buena autoestima. Saber reconocer tu responsabilidad es una oportunidad de crecimiento. Qué frustrante y doloroso es estar con una persona que jamás reconoce su error, que todo el tiempo responsabiliza a todo y a todos de lo que le pasa o de lo que no hizo bien.

A veces tenemos la mentalidad equivocada de que si reconoces tu error, el otro o la otra tendrá derecho de juzgarte. Reconocer tu error no quiere decir que te pondrás en el piso para que te pateen. Es reconocer tu parte y hacer un verdadero compromiso por corregirla y asumir con adultez el error. Una persona capaz de reconocer su error no pierde, gana, porque esto le dará la posibilidad de corregirlo y ser una mejor persona para su vida.

Hay personas que crecieron tan criticados que hoy son incapaces de escuchar que cometieron un error, porque de inmediato se transportan a la dolorosa infancia donde eran rechazados. Hay que salir de esa posición, porque todos tenemos derecho a equivocarnos y aprender de nuestros errores. Equivocarte no te hace ni tonto, ni malo, ni objeto de crítica y rechazo, te hace un ser humano normal con áreas de oportunidad y capaz de crecer y pulir tus errores.

Una persona que no se equivoca es muy sospechosa, es una persona llena de exigencia, vergüenza y mucho enojo. No necesitas ser perfecto para ser amado, sólo necesitas ser responsable de tus errores, saber pedir disculpas, comprometerte con estar atento y hacer lo mejor las próximas veces hasta que salga mejor, porque eso es un proceso y no un "hoy voy a cambiar". Es proceso y tu pareja debe entenderlo.

Hacer sentir a una persona que nunca te equivocas, que el único que siempre hace tonterías es él o ella es una gran forma de violencia. No puedes construir una relación si no eres capaz de reconocer y aceptar tus errores; no es sólo darte cuenta, es reconocer al otro, validar lo que siente esa persona con tu error y pedir una disculpa por eso. De qué sirve darse cuenta, si no reconoce ante el otro el acto de amor y acaricia el dolor que generó su error. Reconocer que el otro tiene razón es muy liberador para ambos.

Cuando tu pareja reconozca que ha cometido un error, dale las gracias y reconócele su capacidad de hacerlo. No te pongas en posición de mamá o papá juzgador, ahora te equivocaste y tienes que pagar. El que se equivoca no tiene que pagar nada, ya que es de humanos hacerlo. Si no te gusta que tu pareja se equivoque, cásate con una persona perfecta, si la encuentras.

Equivocarse es una oportunidad, por eso, cuando el otro o la otra llegue a este lugar de reconocimiento, respétalo, agradécele y quédate en paz. Estás con una persona sana.

## 7. Discutir para pelear y no saber negociar

Discutir no es pelear. Discutir es poner en la mesa un conflicto que pensamos diferente, sentimos diferente, necesitamos diferente, pero debemos encontrar un punto de encuentro porque hay que caminar juntos. Hay personas que les molesta mucho discutir y prefieren ceder. ¿Tú crees que es más inteligente ceder que discutir? Yo estoy segura de que hay personas que se adaptan a situaciones que después los hacen explotar como olla exprés, o son personas que terminan sin identidad propia porque decían que sí todo el tiempo, pues "en alguien debía caber la cordura".

153

No se trata de discutir siempre y por todo, pero sí hay que aprender a elegir que hay cosas innegociables en las que tendrás que poner límites o no ceder por no discutir. Si en el ochenta por ciento de las situaciones prefieres adaptarte y quedarte callado por no discutir con tu pareja, cuidado, porque cuando la mayoría de las veces te mueves, la pareja pierde y esto cobra factura en la relación.

Es un 50-50: a veces cedo yo, otras tú; hoy fuimos con tus amigos, mañana vamos con mi familia; hoy te complazco con lo que te gusta, mañana tú lo haces conmigo; y otras ni tú ni yo, ambos nos complacemos para quedar bien. Unas yo me muevo, otras tú y otras los dos.

*#LaVidaReal*

Miguel quiere llegar a su casa y no saber de nada. Quiere llegar, cenar y sentarse a ver la tele y que Sonia se siente a su lado, lo tome de la mano y vea la tele con él, de preferencia en silencio. Sonia quiere todo lo contrario. Está esperando que llegue Miguel para platicar, para estar juntos y darse un espacio antes de terminar el día para compartir. Las cosas no pueden ser como Miguel quiere, pero tampoco como Sonia.

En una discusión sana se habla de la situación, se describen los hechos, se dice lo que cada uno espera y necesita, y se llega a un acuerdo donde ambos caminan hacia el otro para encontrarse. Sonia y Miguel resolvieron que lunes y miércoles ella iba a acompañar a Miguel, como a él le gustaba, y martes y jueves Miguel llegaría en actitud de escuchar y compartir con Sonia. Eso ha liberado a ambos, porque ya no esperan algo que no pasa. Cada uno se siente respetado en su necesidad y es capaz de estar bien con el otro cuando le toca; pero también son flexibles, porque a veces llega Miguel muerto y le pide a Sonia que le permita desconectarse o Sonia necesita decirle algo importante y se adaptan.

Es una cosa de sentido común. Pero, en ocasiones, tenemos tan poca capacidad de hablarlo, malos ejemplos de cómo se hacen las cosas en pareja, defensa, miedo a amar y ser lastimados que el sentido común casi no opera en muchas situaciones.

Para encontrar una negociación hay que ser flexibles, hay que ser creativos, hay que hacer propuestas, hay que pensar en opciones, hay que moverse de la zona de confort, hay que ver al otro e intentarlo, hay que romperse uno mismo en su comodidad. Si no sale bien el cambio o movimiento, se cambia la estrategia y se busca una nueva. Todo es negociable y se vale cambiar hasta que te sientas mejor. En la pareja, como en la vida, todo es una eterna negociación.

## 8. Traer el carreteo de conflictos

Los conflictos tienen fecha de caducidad. Si ya pasaron más de tres meses, ya es un tema de discusión pasada, ya perdió vigencia. Honestamente, deberíamos tener una fecha de caducidad del conflicto, yo digo tres meses, pero cada pareja puede encontrar su tiempo. Cuando ya pasó mucho tiempo, ni siquiera estás en posibilidades de recordar tu posición y explicar lo que pasó.

Hay personas que al discutir empiezan a traer el carreteo de años atrás, cuando la persona hizo lo mismo hace ocho años que cuando empezaba la relación... ¡perdón!, pero ya no podemos resolver lo que pasó hace años, ya no lo hablaste, perdiste derecho porque está muy difícil resolver los conflictos después de tanto tiempo.

El carreteo también es una forma de perderte en una discusión interminable, porque se está buscando lanzar piedras de viejos errores en la cara del otro, culpabilizar y sentir que tienes la razón. Es inquisidor, pone a la defensiva a la persona.

Si la persona cometió esos errores años atrás, lo único que prueba es que es auténtica y es lo que es, tú eres el que debe elegir si estás con una persona que hace lo mismo siempre, porque es lo que es y hay lo que hay, nada nuevo, o lo tomas o lo dejas.

No hay que estar casados con lo que creemos que se va a convertir el otro. Hay personas que ven lo que quieren ver, o piensan que van a hacer a la persona a su modo, y eso no es posible. Las personas cambian, sin duda, pero sólo cuando se sienten amadas como son y cuando quieren hacerlo. Hay que ver, aceptar y amar lo que hay.

Las discusiones en carreteo son interminables, no hay posibilidad de encontrar solución. Son perversas. Desde un niño herido rebelde que quiere dar de palos, desgastan muchísima energía y sólo nos dejan en la frustración y la defensa. Problemas de hoy, soluciones hoy; y si hay un viejo tema que no hablaste, pero que no puedes soltar, entonces se habla específicamente de eso, dando contexto: "Cuando empezamos la relación pasó algo que me lastimó y que no he podido soltar, necesito hablarlo." Es un tema específico del que se requiere hablar y buscar una solución o ser escuchado. Insisto, es sólo un tema específico y no una posición de carreteo, eso es distinto.

El carreteo es hablar de algo actual y traer mil ejemplos del pasado. Esos ejemplos confunden y son para juzgar al otro; no suman, sólo restan e impiden encontrar una solución a un tema.

## 9. Interpretar lo que el otro dice

Ser objetivo y describir un comportamiento sin interpretarlo es bastante complicado. Casi siempre interpretamos lo que quiere decir el otro con ese acto. Si llegó tarde quiere decir que no le importo; si no llevó mi auto a verificar, quiere decir que me quiere molestar; si no me llamó, está con alguien más.

Tomamos personal lo que al otro le pasa o sus incapacidades, y eso es muy complicado a la hora de comunicarnos porque no lidiamos con un problema de puntualidad, sino con un problema de amor, porque a ti no te importa cuando llegas tarde. No siempre los actos quieren decir para el otro lo que quieren decir para ti. No podemos abordar un problema sólo interpretando lo que tú quieres decir con eso que haces. Aquí un ejemplo de la vida real:

"Ana, quedaste de llegar a las 8:00; son las 9:00 y vas llegando. Es una hora tarde y estoy molesto contigo."

"Ana, quedaste de llegar temprano y es muy claro que te vale madres que te esté aquí esperando."

En la segunda opción hay una clara intención. Aunque podría ser válido que te haga sentir así, no es válido ponerlo como algo que vive el otro. Para comunicarlo debería hacerlo así:

"Ana, llegaste una hora tarde y cada que haces esto siento que no te importo."

Con esta afirmación ya nos estamos haciendo responsables de lo que interpretamos. Es distinto porque cuando haces una interpretación del acto del otro estás poniendo algo que es tuyo y que cerrará la comunicación. El gran reto de la comunicación es que no se cierre y se mantenga una actitud abierta para escuchar y hablar. Si interpretas lo que la otra o el otro quieren decir, según tú, entonces anulas la comunicación.

Hay que hacernos responsables de lo que interpretamos y tratar de ser objetivos con el acto: "No te despediste al salir" es distinto a: "Eres un pelado y sales de la casa como animalito." ¿Crees que la segunda opción cerrará la comunicación? Claro que sí, porque no le permite al otro observar un comportamiento erróneo y recibe un juicio descalificador. Hay que hacer un esfuerzo por describir más que interpretar.

Algunos ejemplos de descripciones:

1. Llevo tres veces haciéndote X pregunta y guardas silencio.
2. Te pedí que sacaras la basura y ya lleva dos días en el patio.
3. Al estar en casa de mis papás dijiste que yo era un desorden. ¿Crees que es una forma de abordar el tema?
4. Has llevado tarde a los niños a la escuela esta semana.
5. Las últimas dos veces yo he buscado solución al tema, hoy quiero escucharte.

Ejemplos de interpretaciones:

1. Es increíble que no puedas contestar una pregunta.
2. No se puede contar contigo para nada.
3. En tu vida vuelvas a hablar mal de mí con mis papás, estúpida.
4. Los niños siempre llegan tarde por tu culpa, te vale.
5. Estoy harta de que sólo yo propongo soluciones, es obvio que soy a la única que le importa.

Interpretar cierra la comunicación, describir sin juicio permite apertura y abre la posibilidad de cambiar un comportamiento. Hay que ser más descriptivos en la comunicación y hacernos responsables de lo que interpretamos poniéndolo como algo que sentimos.

- Me siento...
- Pienso que...
- Interpreto...
- Me hace sentir...
- Me pasa que...

Un remedio clave para dejar de interpretar es preguntarle al otro lo que piensa o siente, escuchar su forma de ver las cosas y confiar en su respuesta. No te permitas interpretarlo, ya que es una forma de control y ver las cosas desde tu punto de vista. Haz las preguntas que necesites y escucha, confía en la persona.

## 10. Decir que otros piensan como tú

Éste es un recurso clásico cuando hay hijos. Ponerlos en la discusión, aunque no estén. Es un golpe bajo porque no te haces responsable de lo que sientes o dices y quieres meter a otros en la discusión aunque no están y no deberían participar en su discusión. Es hacerle sentir a la pareja que todos piensan como tú y el otro está mal. Eso no es limpio y seguro cancelará la comunicación.

Se siente de inmediato cuando alguien te dice esto como una agresión: "Tu mamá también piensa lo mismo que yo, me lo dijo la otra vez", "los niños también creen que eres una neurótica". Si es verdad, y lo quieres comentar, no debería ser abordado en una discusión; tendría que ser un comentario que describa algo que pasó, pero en un momento tranquilo. Cuando están en una discusión y sacas este recurso sucio y agresivo, sólo lograrás que la persona se cierre y lo que sigue es pelea infértil. Ya no hay una buena discusión para resolver un tema, sólo hay ataque, defensa y desgaste. Cuando discuten por discutir, sólo es lastimar, descalificar y no llegar a nada.

Todos estos malos hábitos de comunicación cierran y ponen a la defensiva. Por eso nadie quiere hablar de los conflictos, porque son verdaderas torturas donde no llegamos a ningún lado y pasamos horas dándole vuelta al mismo tema sin encontrar solución.

Elementos que abren la comunicación:

*Empatizar con lo que siente:*
- Escucho lo que sientes.
- Acepto tu enojo.
- Tu dolor es válido para mí.
- Lamento tu tristeza.
- Respeto tu miedo.

*Reconocer y agradecer. ¡Decir gracias!:*
- Gracias por decirme linda.
- Gracias por el desayuno.
- Qué bien te ves hoy, me gustas.
- Amo cuando haces esto por mí.
- Gracias por la iniciativa de hoy.

*Asumir la responsabilidad:*
- Quiero que sepas que reconozco que esto es mío y no tuyo.
- Te pido una disculpa, no me di cuenta de mi error.
- Asumo la responsabilidad de esto.
- Yo me equivoqué, gracias por ayudarme a verlo.
- Me comprometo a poner atención en esto.

*Decir lo que sientes en primera persona:*
- Me hace sentir invisible.
- Me da miedo que me mientas.
- Me enojo con tu comportamiento.
- Me lastima lo que dices.
- Siento que nada de lo que hago te es suficiente.

*No juzgar:*
- Sé que no hay mala intención pero esto me afecta.
- Confío en que lo harás.
- Tu comportamiento me lastima.
- No comparto lo que piensas.
- No te juzgo, debe de ser difícil para ti.

"No juzgar es dejar en paz al ser y señalar el comportamiento."

*Tener una buena comunicación contigo:*
- Autodiálogo y dar espacio para observar lo que sientes.
- Escribir lo que piensas y sientes antes de hablar con tu pareja.
- Hablar con alguien capacitado en el tema para entender mejor.
- Observar si estás sobredimensionando lo que pasa.
- Observo lo que permito y genero con mi comportamiento.

*Escuchar al otro con verdadero interés:*
- Sin teléfono, tele, computadora, etcétera.
- Mirar a los ojos.
- Ir acompañando con la cabeza y comentar algo de lo que dice.
- Escuchar intentando conocer y comprender su mundo.
- Elegir un momento de vida sólo para eso.

*Pensar en formas de resolver:*
- Preguntar qué necesita de ti.
- Proponer soluciones.
- Tener claro lo que tú quieres.
- Actitud de todo "tiene solución."
- Actitud de querer moverse.

*Bajarle tres rayitas a tu infierno:*

- Nunca podrás encontrar una comunicación eficaz si traes tu herida abierta.
- Hay que dar espacio para cerrar dolor y estar más consciente.
- Llorar para desahogar y escribir son buenos recursos.
- Observar la relación que tiene esto que te duele con tus padres y tu historia.
- Separar lo que es de tu historia con lo que le corresponde a la relación, para no cobrar facturas que no corresponden.

*Hablar de sus expectativas*

Decir lo que esperamos en todos los ámbitos no le quita la magia, queremos que nuestra pareja sea una adivina o adivino y sepa por el solo hecho de quererme todo lo que me gusta y necesito. Cuántas veces estás tan desconectada de lo que quieres que ni si quiera tú lo sabes, sólo sabes que algo quieres, pero no sabes qué. Hay que tener una buena relación con nuestras necesidades para expresar con claridad lo que esperamos de distintas situaciones, desde el ámbito sexual, las vacaciones, los hijos, la vida en el hogar. Todo debe hablarse y dejarse muy claro.

Todos tenemos expectativas, y eso no es malo, el problema es cuando tenemos expectativas rígidas que, si no son como esperamos, nos frustramos y ya nada es bueno, o bien, tener expectativas que nunca comunicamos. Hay personas que ponen altas expectativas a todo y eso les genera una fuente de frustración constante porque las cosas son como son y no como queremos que sean. Las personas y las situaciones son como son y no como pensamos que deben de ser. Eso es algo que enoja a muchas personas que tienen expectativas rígidas de todo.

Hay que tener expectativas flexibles, saber que eso es lo que esperas, pero estar abierto a que la vida y las personas son como son. Puede ser que hasta te sorprenda y aprecies algo que no tenías contemplado de una situación. ¿Qué esperas tú de esto? Es una buena pregunta, antes de comprar esa casa, ese auto, esas vacaciones, tener un hijo, hacer un ahorro, etcétera.

El reto es mantener una actitud abierta y receptiva. La comunicación que funciona está en modo abierto, pues propicia la comprensión. La comunicación cerrada es una pérdida de tiempo porque no va a resolver nada y quizá descargará el enojo, pero también puede lastimar. En esta comunicación estoy a la defensiva, enojado, descalificando y sin ganas de llegar a una solución. Pueden pasar horas y horas de pelea y no sucede nada bueno ni útil.

No elijas ese tipo de comunicación, sólo desgasta y es muy frustrante. Si ya están enojados y se han cerrado, es momento de dejar el tema, haz una pausa y busca descargar lo que traes contigo para volver a tener un espacio de encuentro, donde estés más descargado emocionalmente. Es indispensable establecer una relación con lo que sientes, es indispensable que te hagas responsable de tus sentimientos, de bajarle dos rayitas a tu infierno, porque si no te haces responsable de tu parte, todo el tiempo, cuando el tema se abra, serás la víctima defendiéndote de la situación y no habrá avance.

Hay que aprender formas de abrir la comunicación, nuevas maneras de abordar los conflictos, incluyendo los tres niveles de comunicación. Estos niveles son lugares internos y desde ahí nos comunicamos, tienen niveles de profundidad y comunican cosas muy distintas.

Es necesario reconocer desde dónde estamos hablando y qué funciona cuando queremos resolver un tema que traemos atorado o hablar de algunos temas porque quizá estás desde un nivel que cierra a tu pareja o genera una dinámica que no ayuda.

Los tres niveles de comunicación son:

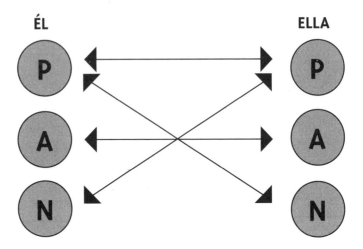

Cuando hablamos, lo hacemos desde alguno de estos lugares. Con nuestros hijos, en el trabajo, con los amigos, en nuestros silencios, generamos una voz impulsada por alguno de estos tres distintos estados de consciencia en nuestro interior. Con visiones distintas, necesidades distintas, modos de ver la vida distintos y sentidos de la felicidad también distintos.

En la comunicación se puede ver la diferencia entre uno y otro. Uno puede decir: "¿Llevaste la ropa a la tintorería?" La misma pregunta, desde el nivel Parental, se escucha como una orden de papá; dicha desde el Adulto se escucha como un asunto organizativo, y dicha desde el Niño se puede escuchar ligero y libre.

Como lo hablamos, los tres estados del Yo son estados de consciencia distintos en nuestro interior y juegan un papel muy importante a la hora de la comunicación, pues podemos obtener respuestas diferentes de nuestro interlocutor, hablando desde uno u otro. Cuando te instalas en un estado, la comunicación puede cerrarse. Incluso hay una gama de opciones para comunicarte en distintas situaciones, utilizando los distintos estados de tu consciencia.

# PRIMER NIVEL DE COMUNICACIÓN: ESTADO PARENTAL

El estado parental maneja nuestro sistema de creencias, aprendido de nuestros padres, nuestra familiar, la cultura y todas las figuras de autoridad que nos han enseñado valores y reglas de vida. Las palabras *debo*, *tengo*, *lo correcto*, *lo que se espera de mí*, se escuchan a través de esta "voz" en nuestra cabeza.

Si hablamos desde aquí parecemos un padre enseñando a su hijo, educándolo como una madre amorosa a su hijo. Es una voz en diagonal, padre e hijo, jefe-subordinado, maestro-alumno, terapeuta-paciente, etcétera. Cuando hablamos desde aquí, nos escuchamos como madre o padre, por ejemplo: "Tómate este té para la gripa, te sentirás mejor", o "deja de ver tu teléfono cuando te hablo"; este estado Parental puede apelar a un tono imperativo o a un tono protector, pero al final cómo un padre o una madre.

Cuando somos muy controladores, perfeccionistas, exigentes, ordenados, críticos, nos gusta todo lo correcto y tenemos grandes expectativas de todo, hablamos desde este nivel. Nos escuchamos mandones, imperativos, controladores y nuestra pareja nos dice: "¡Pareces mi mamá dándome órdenes!", o "¿estás enojado?" La voz del estado parental puede escucharse mandona, cuando la persona es muy auto-exigente y, por ende, exigente con todos.

Cuando tenemos mucha energía en este nivel parental, nos relacionamos con personas que tienen mucha energía en el Niño, pueden ser complacientes y se sienten cómodos con este tono paternalista. Pero también podemos enganchar con personas que tuvieron un padre o una madre mandona, ellos fueron el niño rebelde y hoy practican el mismo juego en la pareja, cada que quieren ponerse de acuerdo en algo, está tu mandón y su Niño rebelde en una comunicación cerrada.

Es sano y aceptable hablar desde este nivel, pero no todo el tiempo ni siempre. Si ochenta por ciento o más de las interacciones con tu pareja son desde el estado parental, se trata de una relación cargada a la dinámica parental, donde juegas a ser su mamá o su papá y no una relación horizontal de pareja. Esto no es sano para una relación porque se estanca y no crece.

Aquí, un ejemplo de conversación Estado Parental y Niño Complaciente:

- Pareja 1: El sábado iremos a la comida de mi prima.
- Pareja 2: Ok, mi amor.
- Pareja 1: Te pido que veas con tiempo lo que te vas a poner porque es formal.
- Pareja 2: Sí, hoy llevo mi traje a la tintorería.
- Pareja 1: Quiero salir a tiempo, salimos a la 1:00 p.m.
- Pareja 2: Ok, estaré listo.

Aquí la pareja 1 está hablando como un padre a un hijo y la pareja 2 es un hijo complaciente y obediente.

En la comunicación, quien lleva la dirección marca las reglas, hace los juicios y da las órdenes, es la persona en Estado Parental. Eso puede estar bien para una persona, pero para otra puede ser motivo de rebeldía constante.

Aquí, un ejemplo de un Estado Parental y un Niño Rebelde:

- Pareja 1: El sábado iremos a la comida de mi prima.
- Pareja 2: ¿Y a quién le preguntaste?
- Pareja 1: Es un compromiso que no podemos omitir, va toda la familia.
- Pareja 2: Pues yo no tengo ganas. Me cae mal tu prima.

- Pareja 1: ¿Puedes ser un poco más maduro?
- Pareja 2: De una vez te digo que no tengo qué ponerme.

Es como una conversación con un adolescente que no quiere hacer nada y pone *pero* a todo. No le gusta recibir órdenes ni hacer las cosas que le dice su mamá. Si tu pareja tiene actitud Niño Rebelde y en tu posición parental es muy complicado ponerse de acuerdo porque la dinámica es de mamá-hijo y no de un par de adultos, desde ya deben llegar a pactos.

Ejemplo de conversación Adulta:

- Pareja 1: Amor, ¿te parece si el sábado vamos a la comida de mi prima?
- Pareja 2: La verdad no se me antoja mucho.
- Pareja 1: Tengo muchas ganas de ir, va toda mi familia.
- Pareja 2: Bueno va, pero el domingo nos quedamos a descansar.
- Pareja 1: Va, de acuerdo, pijamas todo el día.

Aquí hay una negociación, no hay imposición, se toma en cuenta al otro y ambos llenan su necesidad. El estado Adulto es dinámico, objetivo y consciente.

## SEGUNDO NIVEL DE COMUNICACIÓN: ESTADO ADULTO

Es el más difícil quizá, pues requiere de nuestra consciencia y de nuestra atención. Elegir las realidades desde este estado de consciencia implica seleccionar y no responder en automático. Es un estado de consciencia que te permite discernir y elegir lo que es mejor para ti, para tu pareja y con base en una situación objetiva. Es pensante, inteligente y flexible.

El Estado Parental es rígido, porque debe seguir sus creencias. El Estado Niño es visceral porque es la base de las emociones, de los impulsos y del estado Adulto; el mejor lugar porque tiene como base lo que está pasando en el aquí y el ahora, desde tu más alta comprensión de las cosas. Tomando en cuenta lo que sientes y tus creencias, pero eligiendo con objetividad la mejor solución.

El adulto es nuestro reto hoy, hay áreas de nuestra vida donde sí opera el Adulto porque tenemos menos conexión emocional y estamos guiados por valores mercantiles como en el trabajo. En general, el trabajo debe ser de territorio adulto, sobre todo cuando eres una persona profesional y sabes separar lo que sientes de lo que es bueno para el colectivo y para ti en tu carrera.

Cuando eres profesional en lo que haces, si te enganchas en una discusión tomas distancia, lo piensas, te acomodas con el tema y después lo resuelves con otra comprensión de la situación. En el trabajo, sabes que los conflictos se hablan, se ponen límites, dices lo que se espera y no te dejas guiar por tus emociones. En tu pareja, por alguna misteriosa razón, crees que se opera con valores distintos.

En el terreno de la pareja, los valores están operados por el Nivel Niño, por toda la implicación emocional que hay en la familia y en las relaciones cercanas. Es por eso que, aunque en tu trabajo sepas hacer bien las cosas, ser líder, poner límites y ser claro, con tu pareja puedes hacer todo lo contrario, sentirte poco claro y a veces completamente perdido.

Cada estado es diferente, cada estado tiene sus propias necesidades. Lo que hace feliz al Adulto no hace feliz al Niño, y lo que hace feliz al Padre Crítico no hace feliz al Niño Libre. Esto es muy importante: podemos dejar una relación que desde tu comprensión adulta entiendes que no es sana y que ya dio lo que tenía que dar. Pero eso que tu

Adulto entiende muy bien, tu Niño no lo comprende. Cree que estás en un error y puede manifestar su enojo enfermándose, saboteándote o, si tiene mucha fuerza, por mucho que tu Adulto endienta que dejar la relación es lo correcto, no puedes vivirlo. En cuanto te descuidas, el Niño en ti ya está hablándole a la persona en cuestión, eligiendo cosas que una parte adulta de ti dice: "¿Por qué hice eso si sé que me daña?"

Cuando el Adulto haya ganado fuerza de los distintos estados de consciencia, entonces él elegirá qué es lo mejor, pero no como un tirano que busca lo correcto. Toma en cuenta lo que el Niño siente y, sobre todo, lo que necesita. Si va a terminar una relación porque sabe que no está dejando nada bueno, entonces, lo toma en cuenta y le asegura que estará bien. Le ofrece acercarse a relaciones sanas que le den afecto y le hagan saber que nadie lo lastimará y todo estará bien.

El Adulto sabe lo que es mejor para todos los estados de consciencia, porque los escucha, los conoce, sabe sus miedos, sus heridas y elige tomando en cuenta y llenando la necesidad de esa parte desde la consciencia.

La felicidad del Niño son placeres inmediatos: comer, conocer algo nuevo, explorar, hacer lo que le gusta sin esfuerzo, dormir, viajar, crear, hacer el amor, hacer cosas distintas. Todo lo impulsivo, inmediato y placentero, esto es muy bueno, pero no todo el tiempo.

La felicidad del estado Parental es seguir reglas, hacer lo correcto, sentirse bueno, tener orden, esforzarse, lograr metas, vivir con propósito y con ideales, tener las cosas bajo dominio, saber lo que va a pasar y tomar el control de la vida.

La felicidad del Adulto es integrar los estados y expresar cada parte de sí. Es incluir todo lo que eres, no sólo hacer lo correcto, también darte permiso de ser espontáneo y hacer cosas por puro placer. Es saber que puedes lograr y tener metas, pero sin dejar de considerar lo que sientes y ser, por momentos, un Niño libre lleno de amor y alegría. Tener logros por los que se siente orgulloso de ser él, la felicidad del Adulto es vivir con propósito, esforzarse y crecer. Ser congruente con todo lo que eres, a veces frágil, a veces enojado o lleno de tristeza, a veces claro, amando u odiando. Todo eso eres y el Adulto lo conoce y lo integra sin vergüenza y entendiendo que todo lo que eres es válido y hay que darle un lugar y un respeto porque es parte de ti.

Por ejemplo, tú puedes estar dormido y es hora de pararse al gym. Si gana tu Niño, te quedarás dormido y no irás a entrenar, aunque sabes que es algo que has elegido y te hace muy bien. Pero el placer inmediato del Niño, que es dormir, puede ganarte. Si gana el Adulto, se levanta de la cama, se esfuerza y le enseña al niño el verdadero placer de vencerse, de estar sano y el placer de terminar el entrenamiento, sintiendo la delicia de la congruencia y mostrando que hasta en el placer hay niveles.

El Adulto sabe elegir. Hay momentos donde da espacio al placer inmediato y hay veces que se esfuerza para ganar un placer más alto, más elaborado; placer que el esfuerzo y la voluntad construyen. Pero es un equilibrio, si todo es esfuerzo y trabajo, no estamos considerando del todo al Niño. Es como si trajeras a un hijo todo el tiempo esforzándose, sería tirano de tu parte. La vida es esfuerzo, descanso, placer y libertad.

No se trata de ser pensantes y rígidos todo el tiempo, se trata de integrar todo lo que somos y nunca ir en contra de lo que amamos. El autosabotaje nace del Nivel Parental y Niño, ambos pueden ponerte el pie porque creen que crecer o amar es riesgoso.

El mayor reto del Adulto es la integración de todo lo que somos y darle voz de manera correcta a los estados Parental y Niño, pero de una forma inteligente y clara.

El Adulto habla objetivamente de lo que pasa en una situación, dice cómo se siente por la situación antes descrita y plantea lo que espera o le gustaría de esa situación. Cuando se comunica de esta forma, habla primero como Adulto, describe objetivamente lo que pasa en el aquí y el ahora, después le da voz al Niño diciendo cómo se siente por eso y, finalmente, da voz al Parental diciendo lo que espera o lo que le gustaría de la actual situación.

Por ejemplo:

- Pareja 1: Quedaste de llegar a las 8:00 p.m., son las 9:00 y vas llegando.
- Pareja 2: Perdón, salí tarde del trabajo.
- Pareja 1: Los dos últimos viernes has llegado casi una hora tarde.
- Pareja 2: Es verdad, perdón.
- Pareja 1: Cuando haces esto siento que no respetas mi tiempo y me enoja.
- Pareja 2: Ya te pedí perdón, no es para tanto.
- Pareja 1: Sólo te pido que respetes la hora que dices y si tienes un problema en llegar me avises y que sea algo esporádico.

Aquí, el Adulto mantuvo la conversación y dijo lo que le hace sentir la situación y lo que espera de su pareja de manera clara y objetiva, no hubo victimismo ni chantaje, dejó claro lo que está pasando con adultez. El Adulto sabe mejor que cualquier estado qué decir y cómo decirlo. Se hace responsable, toma en cuenta lo que siente y pide lo que necesita. Esta mecánica de la comunicación funciona muy bien, es la comunicación adulta integrativa de todo lo que soy.

## Tres pasos de la comunicación Adulta

1. Descripción objetiva del acto: quedaste de llegar a las 8:00 y son las 9:00.

*Los dos últimos viernes has hecho lo mismo.

2. Descripción de cómo te hace sentir: cuando haces esto **siento** que no respetas mi tiempo y **me enoja**.
3. Descripción de lo que esperas: sólo **te pido** que respetes la hora que dices y si tienes un problema en llegar **me avises** y que sea algo esporádico.

El Adulto integra lo que espera tu estado Parental, lo que siente tu estado Niño y lo que objetivamente pasa en el aquí y el ahora del Adulto, así le da voz con responsabilidad a lo que dice.

# TERCER NIVEL DE COMUNICACIÓN: ESTADO NIÑO

Este nivel de consciencia es el que más energía suele tener cuando hay inmadurez y traumas no sanados en el estado niño de la persona. Cuando más energía tiene un estado, toma el control de la vida y no le permite al adulto dirigir mejor la orquesta. Es como si el director se va y sólo quieren tocar los metales de la orquesta. El director de orquesta permite integrar todos los elementos y esto hace que todo se escuche mejor. Cuando el estado Niño gobierna la comunicación, hay impulsividad, complacencia, victimismo y el Adulto es un impotente observador del tirano niño en el interior.

En el capítulo 6 hablé del gobierno del Niño en las distintas áreas de la vida. Para que observes cómo es el verdadero capitán de tu vida: cuando el niño está en el inconsciente, no lo conocemos y lo tenemos abandonado, toma el control de manera automática y, sin pensarlo, sigue todos los patrones de tus padres, las alianzas con nuestro sistema familiar, las creencias limitantes, las defensas de la personalidad, las heridas de la infancia. Así entramos al sistema de repeticiones donde todo está dentro de un guion de dolor y no hay nada nuevo, elegido y sano para ti.

Cuando gobierna el Niño no elegimos, sólo repetimos y hacemos cosas por impulso y no por inteligencia y consciencia.

Es bueno tener un Niño Interior, pero no es bueno que gobierne nuestra vida y nuestras decisiones. El Niño necesita una guía, necesita un Adulto que le ayude a canalizar su fuerza. Hay que ser buenos padres de nosotros y acompañar esta parte impulsiva y necesitada con paciencia y consciencia.

Los tres estados de consciencia Parental, Adulto y Niño me recuerdan mucho a la triada sagrada que en algún momento estudié en teosofía. El aspecto triple de la naturaleza del hombre está presente en muchas culturas, religiones y filosofías. Padre, Hijo y Espíritu Santo, en el cristianismo; Brahma, Vishnú y Shiva, en el hinduismo; Isis, Osiris y Horus, en el antiguo Egipto; Manas, Budhi y Atma, también en esoterismo. Esta triada, como yo la aprendí en teosofía, habla de las cualidades del espíritu expresada en la vida con los logos amor, voluntad e inteligencia.

Las triadas de diversas filosofías y religiones expresan estas cualidades del espíritu; por ejemplo, en la triada egipcia, el amor se representa por Isis la madre, la inteligencia por Osiris el padre y la voluntad es Horus el hijo. Mi intención no es profundizar en esoterismo, pero observo una estrecha relación de las tres cualidades del espíritu con la expresión de los estados del Yo en nuestro interior.

Voluntad, la primera cualidad del espíritu, es expresada por el estado Niño de nuestra personalidad. Una fuerza de cambio, un impulso, una energía poderosa, es vida misma y es fuerza pura. Los niños lo expresan muy bien, son perseverancia, voluntad, movimiento, energía. Si un niño quiere que su mamá le dé una paleta, pondrá toda su energía en lograrlo, y si ve distraída a su mamá, sin duda lo logrará.

Nuestra voluntad, entusiasmo, defensa, disfrute, gozo, renovación son también este impulso de Niño que está en el interior.

La segunda cualidad del espíritu es la inteligencia. Yo la relaciono con el estado parental de la personalidad. La inteligencia nos da orden y dirección, permite discernir y utilizar nuestros recursos para crear. La inteligencia también es orden y nos da una estructura que permite que podamos fluir con enfoque y dirección. Es como un Padre presente que te da confianza para lanzarte a la vida porque tú puedes; te ha dado la estructura y la disciplina que te permite sostenerte y lograr tus metas.

La tercera cualidad del espíritu es el amor. Una energía que une los polos, reconcilia los opuestos, crea vida a partir de la unión. Éste es el trabajo del Adulto, integrar las partes; por un lado, integrar nuestra memoria animal, reptiliana o Niño, como quieras llamarle, integrar a nuestros padres, nuestro linaje del cual somos pertenecientes, las reglas y estructuras que dan orden y sentido a nuestra vida, integrar nuestra historia y lo que somos en una gran orquesta de todo lo que somos. Ser el director que toca melodías llenas de alma y consciencia de todo eso que soy y que tiene valor y suena maravilloso tocarlo con consciencia.

El amor es la unidad de $H_2O$, dos moléculas de hidrógeno y una de oxígeno que crean agua, crean vida. Ésa es la energía con la que el Adulto debe integrar la orquesta, conociéndolos, sabiendo cómo suenan, tomándolos en cuenta a todos y haciendo que suenen conforme la vida y las circunstancias lo requieren y logrando que todos los sonidos tengan un lugar y suenen bello. A veces fuerte, otras suave, con poder, con amor, pero siempre en la misma dirección y con un director que los dirige.

La tarea del Adulto no es nada fácil, quizá no nos alcance la vida para lograrlo y ver que nos convertimos en una unidad con todo lo que somos. Pero, sin duda, damos pasos, avanzamos cada que decimos que vamos a hacer y lo conseguimos, cada que elegimos con consciencia lo que necesitamos y lo plasmamos. Cada que somos congruentes con lo que sabemos, pensamos, sentimos y hacemos. Cada que lo hacemos, caminamos hacia el amor, hacia una forma de estar en la vida con mayor felicidad y mayor autenticidad; sonamos más bonito y somos una armonía al actuar.

De esto se trata el método Hera que utilizo en mi clínica. Una integración del estado Niño, una integración de nuestra historia, un trabajo con el dolor de nuestras heridas de la infancia para liberar la energía necesaria para avanzar. El dolor nos mantiene atados al pasado porque se convierte en una defensa que nos ata. Cuando podemos acompañarnos con director de orquesta, nos reconciliamos con nuestras partes, crecemos y avanzamos en un camino evolutivo.

En todo ello, la pareja es un factor muy importante, pues es la persona que más nos proyecta los dolores y las heridas que tenemos y nos permite mirarnos. Además, por ser la persona con la que más intimidad compartimos, nos quita nuestras máscaras. Con la pareja mostramos lo más básico que somos, pero también lo maravilloso y amoroso que podemos ser. Desde esa mañana de pijama, despeinados y con mal aliento, hasta la intimidad del sexo, pasando por los hijos, las enfermedades, los pagos, las metas. Tener un compañero de vida es la mayor empresa en la que puede desarrollarse cualquier persona, si elige vivir desde la consciencia y el aprendizaje diario.

Abrir la confianza y vincularnos con sinceridad es muy sanador. Tener el derecho de ser aceptados tal cual somos es sanador. Ser cuidados, respetados y reconocer que todos tenemos un lado B. Tenemos derecho a ser amados con ese lado B, pero surge la responsabilidad de no lastimar con nuestro lado B. Hay que ser responsables de ese lado y crecer, ya que el lado B es un reto de crecimiento, y la pareja puede sanar o hacer más doloroso tu lado B, mediante el amor.

Trabajar y elegir ser una pareja sanadora es saber que detrás del comportamiento que odias de tu pareja, probablemente hay un Niño o una Niña Herida a quien le duele la vida. Ojo y mucho cuidado, pues no estoy diciendo que rescates al Niño de tu pareja, o justifiques su comportamiento, o le permitas todo porque viene de su Niño Herido. No. Estoy diciendo que observes el comportamiento, entiendas de dónde viene y te cuestiones qué podrías hacer para ayudarle a tu pareja a hacerse responsable de esa práctica. No es justificar, evadir, permitir, descalificar, sino reflejar lo que hay y ayudar al otro a hacerse responsable.

Como primer paso es importante conocernos, saber lo que traemos, identificar nuestros distintos estados de consciencia y sus necesidades, hacernos responsables de esto. Saber que es mío y no pensar que porque asistí a un curso del Niño Herido ya di en adopción a ese Niño o ya no lo traigo dentro. Este Niño siempre estará dentro de ti, y en la medida en que sanes tu dolor, la energía con la que hoy controla tu vida se irá al Adulto y permitirá que guíes su vida. Por ejemplo, si mientras hablas con tu pareja y ésta ve su teléfono, hoy reaccionas con un drama y enojándote por su indiferencia. Cuando tienes un Adulto al mando, dimensionas mejor la emoción, no se desborda tanto y te comunicas con más claridad tomando en cuenta lo que sientes. Hoy le dirás con claridad que te sientes ignorado y te molesta que vea su teléfono mientras hablan.

Lo importante es aprender a comunicarte como Adulto. ¿Esto será la solución de la pareja que se comunica desde el Niño? Si ambos lo hacen sí, si sólo uno lo hace, entonces difícilmente los dos deben cambiar su forma de comunicarse y de responsabilizarse de lo que cada quien carga en su maleta. Hay que tomar el reto de aprender a verse y crecer como individuos pero juntos.

Somos tan complejos y nos falta tanto por crecer, que hay que entender algunas cosas importantes y caminar con paciencia con lo que nos queda claro. Lo más importante es aterrizar algunas cosas que entendemos y experimentar con otra consciencia las realidades cotidianas. Además, caminar con el enfoque claro de conocer lo que siento y tener espacios de contacto con uno para escuchar lo que mis distintos estados de consciencia me dicen.

Ganas autoconocimiento cada día que estás más consciente, que eliges desde esa consciencia, que respetas y escuchas lo que sientes, que miras tu historia y a tus padres dejando de juzgarlos y te acercas a conocerlos como seres humanos con limitaciones y, sobre todo, con muchas necesidades. Ellos eres tú, son parte muy importante en tu trabajo de integración contigo.

La comunicación contigo es el primer paso para una buena comunicación con el entorno y para establecer relaciones más verdaderas, más respetuosas, además de dejar de generar dolor y de lastimar a personas que ya están lastimadas y que lo que menos necesitan es más dolor. Cuando aprendamos a ser un bálsamo para nosotros, seremos un bálsamo para otros. No tenemos que estar sanos para hacerlo, basta con estar conscientes y ser responsables de nuestra parte para tener la capacidad de elegir y no generar dolor a otros.

Cuando sanamos el Niño Herido se expresa el Niño Libre, esa parte de ti que ama, que se entusiasma con la vida, que explora lo nuevo, que se divierte y tiene sueños. El Niño Libre es gozoso, es la mejor parte de nosotros porque expresa nuestra esencia, nuestro amor libre, nuestros ideales y sueños. En el Niño Libre está nuestro don. Cuando nos manifestamos desde nuestras cualidades, desde lo que en verdad somos, estamos expresando al Niño Libre. Por ejemplo, si tu trabajo te encanta, te pone creativo, te permite ser tú, felicidades, tu trabajo es un espacio de sanación, de seguro es un pilar en tu vida. No permitas que el Padre Crítico te eche a perder ese espacio tan importante. Hacer lo que creemos y amamos es vital porque estamos teniendo espacio para expresar lo que en verdad somos y, por ende, la energía de Niño Libre crece y podemos ser.

# 9

# Llena tus vacíos

El Niño se expresa mediante las emociones y se siente en el cuerpo. Las emociones son el vehículo para llegar al Niño. Tomar en cuenta lo que sentimos y expresarlo con adultez es tomar en cuenta al Niño, es darle su espacio. Con esto, ganarás energía para hacer crecer al Niño Libre y, sobre todo, al Adulto. Cuando te tragas lo que sientes y no quieres que nadie te vea triste, lo que estás haciendo es ponerle un tapabocas al Niño y encerrarlo en un cuarto por sentir lo que siente. Esa escena está en tu interior cuando reprimes sus sentimientos. Imagínate lo que pasa cuando llevas años haciendo eso, ese Niño ya está enfermo, furioso, lleno de dolor, pero sigue ahí, a la espera de tener el derecho de sentir. No se muere, nunca se va, puede que ya no lo escuches o que empiece a hablarte mediante una depresión, una enfermedad o una fuerte crisis existencial. Nunca se va, sólo te has acostumbrado a vivir con su llanto y ya no lo escuchas.

Tampoco se trata de desbordarse en llanto, enojo, berrinches o victimización total, eso no sana y no sirve de nada. Al contrario, es darle todo el poder al Niño y llenarlo de energía con más poder. Cada que el Niño Herido toma el control de alguna situación se fortalece y se llena de energía. Cuando lloramos y nos quedamos atrapados en el llanto y la victimización, estamos "retraumatizándonos" y con esto llenando de dolor al Niño.

Como dijo Antonio Damasio: "La persona que no controla sus emociones es un peligro, pero aquella que no tiene emociones es más peligrosa aún." Es por eso que la víctima está en estado Niño Herido, porque su manera de estar en la vida es como una víctima de las personas y las circunstancias. Es como si se quedara atrapada en el abuso constante, no se da cuenta de que no tiene por qué permitir el abuso, que puede poner límites y hacerse responsable de sí misma. Es una posición donde vuelves a ser una Niña impotente ante las circunstancias y sin posibilidades de hacer nada. Cuando eres niña y tu padre llega de malas y se pone a gritarles a todos, no tienes otra opción más que aguantar a ese padre abusivo porque eres niña y no cuentas con recursos para otra cosa. Cuando eres adulta y tu padre llega de malas y se empieza a desquitar con todos y te quedas o se lo permites, no has aceptado que ya creciste y puedes irte, ya que tu vida depende de ti.

Hay que vivir las emociones, pero desde la consciencia y sin victimismo. La mejor forma de llenarte de dolor otra vez y estar atrapada en la Niña Herida es siendo una víctima y no enterarte de que hoy puedes vivir cualquier situación de forma distinta, que tú eliges qué sí y qué no quieres vivir. Entérate: la infancia se terminó, hoy o permites o generas, pero depende de ti y puede cambiar en cuanto elijas.

Una emoción necesita menos de treinta minutos para desahogarse, sólo date veinticinco minutos, un espacio suficiente para desahogar y sentir plenamente una emoción. Si la desahogas, no la tendrás ahogada en el pecho todo el tiempo. Después aprende de ella, escucha de qué te habla, qué estás permitiendo, qué estás generando, siempre hay algo que aprender, algo que observar, algo que sanar. Detrás de una emoción, siempre hay un mensaje importante de lo que debemos crecer en la vida.

# ESCÚCHATE

De las cosas más complicadas que hay es aprender a escucharte y a conocerte. Establecer una relación contigo y tus necesidades es un trabajo básico para ser una buena pareja o buena compañía para cualquier otro. Las emociones son una gran vía de contacto contigo y principalmente una vía de contacto con tu estado Niño.

Según algunas teóricos, existen cinco emociones primarias distintas: miedo, alegría, tristeza, enojo y afecto. Estas emociones son la base de muchas otras más complejas como la culpa, la vergüenza, los celos, etcétera. Las cinco emociones primarias en la teoría que manejo las aprendí con Miriam Muñoz en Gestalt, y es LA MATEA. Algunas teorías, como la de Antonio Damasio, también hablan de las cinco emociones básicas, pero en vez de afecto, lo mencionan como asco o desagrado, tal como se representa en *Intensamente*, una de mis películas favoritas de Pixar.

Te propongo un ejercicio interesante, elaborado por mi querida Miriam Muñoz en su libro *Emociones, sentimientos y necesidades*. Es un ejercicio para observar el manejo que tienes de las cinco emociones primarias. Ve cómo conectas esas emociones con tu pareja y reconoce las emociones y necesidades negadas.

Primero háganlo solos, contesten según su punto de vista, tu pareja y tú por su cuenta. Después, compárenlo con base en la percepción que cada uno tiene del otro y finalmente reflexionen juntos y validen lo que el otro observa en tu manejo emocional y lo que tú observas en el suyo.

Coloca el número 1 al sentimiento que sientas más y que sea más fácil sentir para ti. Después, coloca el número 5 a la emoción que te cueste más trabajo. De los tres sentimientos que quedan sin número, ponle el número 2 a aquel que te sea más fácil sentir y con más frecuencia, y el 4 otra vez al que te cuesta más trabajo y sientes menos. Al sentimiento que queda ponle el número 3. Observarás el orden de tu manejo emocional, donde la emoción 1 es la más frecuente y permitida y la 5 la más amenazante y menos permitida en la relación de pareja.

Contesta a partir de lo que sientes internamente, no tanto con base en lo que expresas. Por ejemplo, muchas veces estás enojado por complacer a tu pareja, pero no muestras tu enojo. Pon lo que sientes, aunque no lo expreses. También contesta con base en lo que está pasando hoy en la relación. Si hay crisis o situaciones complicadas, la MATEA cambia y te darás cuenta de cosas interesantes.

Ejemplo:

| **ELLA** | | **ÉL** | |
|---|---|---|---|
| **MIEDO** | 3 | **MIEDO** | 5 |
| **ALEGRÍA** | 1 | **ALEGRÍA** | 4 |
| **TRISTEZA** | 5 | **TRISTEZA** | 3 |
| **ENOJO** | 2 | **ENOJO** | 2 |
| **AFECTO** | 4 | **AFECTO** | 1 |

Es interesante lo que revela el ejercicio en relación a las dinámicas juntos. Primero, observemos que cuando queremos evadir la emoción número 5, que en el caso del ejemplo es tristeza, empezará a buscar más formas de exaltar la 1, que es alegría. Entonces, hará lo que le da alegría: comer, salir con sus amigas, socializar, beber. Cualquier cosa que ponga una barrera para dejar de sentir su emoción más amenazante, que es la 5, tristeza.

En el caso de él, cada que quiere evadir el miedo busca más afecto, necesita más contacto y demanda más atención de ella para no sentir el miedo. El afecto y el enojo son dos emociones claves en una relación. Cuando hay afecto alto en ambos, hay un buen vínculo; y cuando hay enojo habilitado en ambos, hay buenos límites. Una persona que tenga enojo 4 o 5 no pondrá buenos límites y permitirá mucho, lo cual no es bueno para la relación. Tampoco funciona si tienen ambos el enojo en 1, porque entonces ninguno confía en el otro y sus límites son muy altos, no se conectan.

En el ejemplo, ambos tienen enojo en 2, lo que habla de cierta actitud de defensa entre ambos, límites claros y escasa confianza uno en el otro. El afecto está en total desequilibrio porque él siente mucho más afecto por ella que ella por él, y esto no les permite sentirse plenos, ya que él buscará mucho su presencia y ella lo rechazará de alguna forma o no se sentirá cómoda cuando él quiera abrazarla o expresarle su afecto.

Cuando el afecto es de las emociones permitidas en ambos, se sienten vinculados y satisfechos con el contacto. Pero si está abajo, en la 4 o 5, es una pareja desvinculada y cada quien vive en lo suyo. Cuando ella vive con mucho miedo, busca protección de él en la relación. Y si él no se permite el miedo, será algo que no permitirá en ella, como en el ejemplo, y se sentirá molesto con su inseguridad.

La alegría es la capacidad que tienen ambos de disfrutar. Es una parte importante porque si ambos tienen mucha apertura al disfrute, es una parte que los conecta mucho. Les gusta divertirse, lo comparten y puede ser un área muy fuerte en la relación: cuando viajan, bailando, con amigos, etcétera.

Cada emoción cumple una función y expresa su área en conflicto y su área fuerte. Esto es una invitación a moverse y activar esa emoción para coincidir con el otro y llenar esa necesidad, también para ser conscientes de lo que los hace fuertes.

Las cinco emociones primarias son un mapa de ruta para conocer la necesidad que hay detrás de lo que estás sintiendo y así escuchar la voz del Niño Herido que te habla a través de lo que sientes. También son una guía para la pareja, porque saber la necesidad que hay detrás de esa emoción siempre presente en tu pareja, te ayuda a llenar esa necesidad en lo que te toca y no hacer cosas para crear más vacío.

Imaginemos que estamos en un juego cuyo objetivo es ganar energía para avanzar. Cuando experimentas una emoción, tu tarea es descubrir qué necesidad hay detrás. Con esto ganas energía; pero si no es así, sólo la descubres y llenas la necesidad, pues hay más energía para que el Adulto avance. Si reprimes lo que sientes, el Niño roba tu energía y no habrá avance, sólo estancamiento. En el juego, avanza el Adulto cuando lleva todos los estados en el interior, si uno se cae o se baja del auto, no puede caminar y se vuelve a estancar.

Esto pasa en los estados de consciencia: si llenas la necesidad, se cierra el ciclo y avanzas porque el Niño Herido suelta energía y puedes invertirla como el Adulto considere mejor. Es importante darnos cuenta de que nuestras emociones tienen algo que decirnos y muchas veces detrás de ellas hay una carencia, un hambre, algo que no tienes y que necesitas, ya sea en ese momento o siempre, no lo has llenado en tu vida y estás estancado en esa parte.

Cada emoción tiene una clave de interpretación de la necesidad que hay detrás y que se debe llenar para avanzar.

| EMOCIÓN | NECESIDAD |
|---------|-----------|
| MIEDO | PROTECCIÓN |
| ALEGRÍA | DISFRUTE |
| TRISTEZA | SOLTAR |
| ENOJO | LÍMITES |
| AFECTO | VÍNCULO |

## Miedo

Juan es un hombre que nunca fue protegido, su padre era alcohólico y muchas veces él debía proteger a su padre cuando ya estaba pasado de copas. Tuvo que aprender a cuidarse desde muy chiquito y protegerse de muchas cosas, incluso de su propio padre. Juan es un empresario, muy resuelto en todo. Parece que no necesita nada, siempre lo resuelve él, cuestiones de su familia y todo lo que no le toca. Siempre tiene el control. En el fondo, Juan experimenta un miedo permanente, tiene una mente catastrófica que piensa lo peor de las circunstancias y controla todo lo que puede. Tiene miedo a no tener dinero, a que le mientan, a que lo asalten, es bastante paranoico.

La necesidad que hay detrás del miedo se llama *protección*. Jamás pensarías que él necesita protección, pues es un hombre que protege y en apariencia nada necesita. Pero en la profundidad de su vulnerabilidad Juan necesita recibir y dejar de dar, necesita darse a sí mismo, escucharse y darle voz a su necesidad que dejó atrapada en el deber, en el control. Cuando Juan tiene miedo es porque siente que pierde el control y algo malo va a pasar, como cuando era niño. Si él se diera protección, no se pondría en riesgo y cuando sintiera miedo, en vez de enojarse y controlar todo y a todos, se daría espacio para escuchar a ese Niño y observar lo que necesita, aquí y ahora. Entonces, se hablaría y se diría que todo está bien, que no hay nada que temer porque lo va a cuidar y hasta lo abrazaría para bajar el miedo y sentir la protección. Esa película terminaría poco a poco, porque Juan haría por su Niño lo que nadie ha hecho nunca: escucharlo, validar lo que siente, hacerlo sentir protegido y llenar esa necesidad en el presente.

Hay un miedo real y un miedo en fantasía. El miedo real es: está temblando y yo siento un miedo real a una situación real, mi miedo es una respuesta automática que me dice "necesitas protegerte porque corres peligro". Si voy en mi auto y observo que están asaltando al auto de junto, mi miedo me hará reaccionar de alguna forma en que me sienta protegida ante una situación real. Sin pensarlo, haré algo para ponerme a salvo.

El miedo en fantasía es diferente. No hay nada real, todo está pasando en tu fantasía, en tu mente. El miedo se quedó internalizado en tu personalidad porque no te sentiste protegido nunca y se queda como una película recurrente en tu cabeza. Es una forma de vida, una adicción. De alguna manera, hoy necesitas generar en tu cabeza las ideas o las experiencias que te hagan reproducir el miedo del cual dependes para sentirte a salvo.

Vas de viaje, estás más ansioso de lo común y no entiendes por qué. Te observas y te das cuenta de que sientes miedo y has fantaseado en que algo malo va a pasar. No sabes qué, pero no estás en paz. ¿Es premonición? Generalmente no, cuando tú eres adicto al miedo, sientes que algo malo va a pasar o piensas mal de cualquier situación. Sin fundamentos en realidad, tu mente es una fábrica que produce imágenes que garanticen que habrá droga suficiente hasta intoxicarte de miedo, hasta quedar enfermo de angustia ante algo que objetivamente no está pasando.

La mente juega un papel muy importante, porque es la que reproduce las imágenes catastróficas de todo lo malo que puede pasar, si haces esto, si alguien te traiciona, si tomas ese riesgo, etcétera. Es muy comprensible que experimentes en tu vida adulta esto, si creciste en una condición de desprotección. Cuando somos niños, como en el ejemplo de Juan, no tenemos la capacidad de hacernos cargo de nosotros. En la condición de Niño es difícil enfrentar el mundo y resolver lo que se requiere. Esto te coloca en una condición para la que no estás preparado, te ves obligado a desarrollar un estado de alerta y muy poca confianza.

Cuando creces en esta condición, no te das cuenta de lo que dejaste de fondo. Y cuando te escuchas y vas a tu interior, la emoción te lo recuerda, la emoción en los distintos momentos de la vida. Si hay crisis, cambios, logros y éxitos; cuando amas, cuando te sientes vulnerable, cuando haces lo que amas, cuando vives la vida en consciencia, puedes sentir que todo el tiempo estás acompañado por emociones que te vinculan a la vida y a las personas. Sentir es un gran regalo de la creación, es lo que le da luz y color a todo lo que vivimos. Sin luz y color, la vida sería gris, plana y no tendríamos manera de saber lo que necesitamos.

Hay emociones más complicadas de reconocer, porque han crecido contigo. Incluso tu cara las expresa cuando no te das cuenta, o una persona que no te conoce puede observar esa emoción presente en tu energía y en tu semblante. Esta observación es muy clara para los terapeutas. Nosotros percibimos claramente la energía que se expresa detrás de una emoción, sobre todo los terapeutas que trabajamos con emociones todo el tiempo.

## Alegría

La segunda emoción primaria es la alegría. Aunque parezca una emoción fácil, en realidad no lo es. Para sentir alegría debemos tener permiso interior de disfrutar la vida y las circunstancias. Saber disfrutar y sentir alegría requiere también desarrollar la capacidad de acercarnos a lo que nos llena y disfrutar viviéndolo. ¿Cuántos de ustedes han ido de vacaciones y no disfrutan? Te estás peleando con la comida, el sol o cualquier pretexto; o cuando te quedas en tu casa porque quieres descansar pues estás muerto de cansancio pero no descansas porque te pones a acomodar y limpiar todo el desorden y terminas más cansado.

Hay personas que cuando hay que ponerse alegres se sienten tristes o se enojan por cualquier pretexto. Tenía una alumna que terminó su licenciatura con muchísimo esfuerzo. Cuando le entregaron su diploma se sentía muy triste. Al reflexionar observó que en los momentos importantes de su vida, cuando lo que tocaba sentir era alegría y sentirse agradecida consigo, no sabía hacerlo y se sentía triste.

La alegría nos da la oportunidad de saber lo que nos hace bien, lo que va con nuestros valores, nos ayuda a conocernos y acercarnos a lo que nos pone felices. Tenemos derecho a experimentar la vida con alegría, gozo y libertad. ¿Cuántos de ustedes tuvieron padres alegres? ¿Cómo se vivía la alegría en casa? ¿Qué le daba alegría a la familia? Es común que la alegría no esté presente en la vida cotidiana, y que aun en Navidad o vacaciones, siempre haya conflicto.

Cuando nos exigimos y queremos ser perfectos, correctos, buenos, lo que menos sentimos es alegría. Esa emoción siempre es opacada por la exigencia de que pudo haber sido mejor, pudo hacerse más, y no hay espacio para alegría.

La alegría puede ser una experiencia atrapada en tu personalidad como una actitud neurótica y adictiva. Las personas que todo el tiempo son súper optimistas, que nunca muestran sus sentimientos, que siempre están bien, cuando les preguntan ¿cómo estás? Contestan súper bien, "yo, pura felicidad", "¿Para qué preocuparse? La vida es para disfrutar y ser feliz." Esas personas están desconectadas de sí mismas, llevan una máscara durísima de supuesta felicidad que cubre todo el dolor que nunca se han dado el derecho de expresar y sanar.

Una persona atrapada en la alegría busca resolver las cosas superficialmente. Nunca profundiza, no dice lo que siente honestamente, ni de forma vulnerable. Generalmente es sociable, le gusta la fiesta, las reuniones, los viajes, comer, el alcohol, las drogas o todo lo que le dé placer inmediato. No puedes discutir un tema con él ni le gusta la responsabilidad, es como un niño eterno, un Peter Pan que nunca creció y que le cuesta todo lo adulto de la vida.

Su lema es: "No te claves", todo se resuelve con unas vacaciones o una buena noche de pasión y sin problemas. Es buena compañía para la fiesta y la diversión, pero no para construir una relación madura y que dé para crecer. La alegría se quedó atrapada porque muy probablemente el dolor en algún momento fue tan insoportable que se desconectó de él. También puede ser así porque tuvo padres que querían resolver todo yéndose de vacaciones sin enfrentar los problemas de fondo.

La alegría real es producto de una conquista personal, una experiencia de aquí y ahora. Está en relación con lo que sí está pasando y lo que estás disfrutando con todos tus sentidos. Estás involucrado en el momento, las personas atrapadas en la alegría son eufóricas y buscan estar al tope, pero no disfrutan de manera real.

¿Qué pasa cuando alguien platica toda una desgracia de su familia con una sonrisa en la cara? Lo observo muy claro: las personas evaden lo que están sintiendo con una sonrisa, como algo gracioso que les pasó cuando me lo cuentan. Recuerdo a una paciente que me platicó riéndose que su papá entró a su habitación cuando tenía seis años y le pidió que le tocara el pene. Ella estaba poniendo amortiguador a esa emoción a través de la risa. Así es la alegría neurótica, una forma de amortiguador de las cosas que duelen y no se sabe cómo sanar.

## Tristeza

La tercera emoción primaria es la tristeza, es una emoción muy importante porque es la emoción que nos permite cerrar, terminar, soltar. Cuando pasamos por una etapa de cierre y desapego de algo que era importante para nosotros, sentimos tristeza y al sentirla nos permitimos soltar y despedir poco a poco lo que era parte de nuestra vida.

Somos una cultura que malinterpretamos y evadimos la tristeza. No sabemos cómo vivirla y nos asustamos. Desde nuestra visión del Día de Muertos como una fiesta y un asunto hasta chistoso de la pérdida y la muerte en las películas y telenovelas donde se pone toda una tragedia y victimización del dolor. Llorar no está bien en nuestra cultura, estamos más apegados a la neurótica alegría que fomentamos con la comida, las fiestas, el futbol y todo lo que nos ayude a evadir y no profundizar en lo que nos pasa en general. "Al pueblo pan y circo" es una conocida frase romana de manipulación de los pueblos, yo lo pondría así: "Evade tu tristeza con pan y circo." ¿Tendrá que ver esto con la obesidad?

Las emociones que nos tragamos están en nuestro cuerpo. La tristeza que no expresamos se queda atrapada en el cuerpo y la comida es un vehículo para evadir lo que sentimos. Los carbohidratos y los azúcares son el pan nuestro de todos los días en relación con nuestra necesidad de anestesiarnos de lo que sentimos en verdad.

La tristeza es la única emoción con la que podemos cerrar ciclos, podemos soltar y sanar la herida de lo que estamos perdiendo. Lo que nos duele se desahoga en la tristeza y esto nos descarga, nos limpia. Las lágrimas vividas con consciencia son de lo más sanador y liberador que existe. Cabe aclarar que vividas con consciencia, porque vividas desde la posición de víctima sólo llenan de energía al Niño Herido y abren más la herida. Las personas que cuando terminan una relación se ponen en actitud "pan y circo", o sea evaden, nunca han cerrado sus ciclos, tienen acumulados ciclos no resueltos en su interior.

Cuando tenemos la herida de abandono y perdimos el amor de nuestros padres o la atención de nuestra madre o el vínculo con ellos, porque pudo haber estado presente físicamente tu padre y tu madre, pero desconectados de ti, esto lo vivimos como un vacío y una ausencia. Esto es una herida de abandono. Es una ausencia afectiva temprana, siendo muy chiquito necesitabas sentirte vinculado, protegido, conectado y amado para crecer con seguridad. Esa herida deja una personalidad enferma de tristeza. Vista desde el victimismo, no es una tristeza en Adulto es en Niño Herido y siempre en una actitud de vacío, ausencia y tristeza internalizada.

Una persona con herida de abandono llora con mucha facilidad, pero desde la víctima y el sufrimiento. No es un llanto sanador que le permita cerrar sus ciclos y soltar. El abandono emocional vivido en su infancia fue tan importante que hoy cualquier separación la vive desde la memoria de ese abandono y no le permite soltar.

Se aferra y hace todo por retener a la persona o negar la realidad. Y si al final termina la relación o la realidad se hace evidente, se queda victimizado y como niño abandonado, sin posibilidad de vivir una tristeza responsable que le permita cerrar su ciclo y aprender de esa pérdida.

La tristeza atrapada en tu interior te hace melancólico, sientes que estás solo, apegado y dependiente, frágil y con miedo a enfrentar la vida. Eres como un niño asustado y sin recursos para demostrarte que puedes salir adelante de cualquier situación solo.

En tus relaciones afectivas, el sentimiento de no ser amado, sentirte permanentemente solo, vivir una tristeza de fondo y mucho miedo a la soledad, es una dolorosa película con mucha tristeza y muchas pérdidas no resueltas.

## Enojo

El enojo es la cuarta emoción primaria. Todo lo que gira en torno a esta emoción es muy interesante. La necesidad que hay detrás del enojo es poner límites, si algo está agrediendo o rebasando tus límites, lo sabes porque el enojo surge con toda su energía para ponerte en posición de defensa y disponerte al combate.

Si una persona te grita, te ofende o te da una patada, el enojo es la fuerza que te permitirá enfrentarla y protegerte de lo que te daña. Te cargas de energía, el corazón late más fuerte, cierras los puños, tensas las mandíbulas y te dispones a enfrentarlo.

Hay muchas personas que han encontrado en el enojo un modo de vida. Como da energía y te hace fuerte, es una emoción menos amenazante que la vulnerabilidad de la tristeza o el miedo. Si hay que sentir algo, prefieren enojarse y sentirse más seguros. El enojo puede ser la fuerza que te sacó adelante en momentos difíciles y el motor para tener el coraje de salir de tu infancia o de situaciones de peligro. Hay personas que todo el tiempo están a la defensiva, que su primera reacción es el ataque. Esto tiene que ver con una personalidad con adicción al enojo.

Como dije, las emociones auténticas tienen que ver con experiencias reales en el aquí y el ahora, y a las cuales se responde con la emoción que me protege o me ayuda a resolver la situación. Si estoy conduciendo mi auto y llega un chavo limpia-parabrisas y me rompe el limpia-parabrisas cuando se sube a mí cajuela, estoy siendo agredido y tengo todo el derecho de enojarme por lo que está pasando. El enojo es una relación sana y auténtica de una situación donde me están afectando.

Cuando el enojo es parte de la personalidad, todo agrede. Interpreto todo con una óptica negativa y estoy enojado, desesperado, impaciente e intolerante de todo. Esto quiere decir que el enojo es tu emoción adictiva, cualquier cosa te hace estallar o con mucha facilidad te pones intolerante.

Si tuvimos padres con este tipo de personalidad, pudimos internalizar su agresión. Hoy somos una persona muy agresiva, con ceño fruncido como de enojo permanente. O todo lo contrario, no me enojo por nada porque mi papá lo hacía tan negativamente que no me quiero enojar para no ser como él. Las personas que no se enojan tienen un problema porque no saben poner límites y decir lo que les molesta. La energía del enojo en el cuerpo se queda atrapada y genera mucha destrucción con gastritis, colitis, artritis y todas las itis que son las manifestaciones de que estamos reprimiendo enojo y no le damos salida. ¿Cómo se enojaba tu padre o tu madre?

Recuerdo el caso de Andrés. Fue un paciente que creció con dos padres muy agresivos, su padre golpeaba a su madre y su madre lo golpeaba a él. Me compartió una escena de su infancia. Cuando tenía cinco años, su padre agredió a su madre y él intentó defenderla lleno de miedo y se puso entre los dos. Hoy Andrés ha decidido no enojarse y tratar las cosas hablando, evita a toda costa las actitudes violentas. Hay momentos desconcertantes para él porque cuando algo le molesta mucho o cuando lleva tiempo tragándose lo que le molesta, tiene de pronto reacciones muy violentas y desesperadas con sus hijos. Cuando le pasa esto, siente como si su padre se manifestara dentro de él. Esto lo hace sentir culpable y desconcertado de su actitud por su incapacidad de controlarse.

El problema de Andrés tiene que ver con contener mucho sus sentimientos y no querer parecerse a su padre desde el dolor. Cuando tuvimos padres agresivos en la infancia, la agresión que sentimos de su parte se convierte en una forma de agresión, ya sea con nosotros mismos o con los demás. Es como si nos tragáramos un poco de esa agresión y se hiciera parte de nuestro temperamento. En la infancia, esos modelos de agresión nos afectan y se quedan en nosotros para siempre si no los trabajamos.

Hay personas que para no sentirse tristes se enojan, para no sentir miedo se enojan y el enojo se convierte en una forma de estar en la vida, a la defensiva, sintiendo que es la única forma de sentir. Esto pasa mucho con los hombres, ellos se permiten sentir tan poco su tristeza o sus emociones, que la única emoción que se les permite y es bien vista es el enojo. Por ello, son los que reaccionan con más ira.

Hay personas que están enojadas todo el tiempo. Al observar ese comportamiento, el enojo avisa que debes bajarle a tu exigencia, bajarle a tu perfección, bajarle a querer ser bueno y correcto siempre. Es como un aviso que te dice: "Te estás agrediendo con esta forma de vivir." La emoción nos anuncia algo importante: si todo el tiempo estoy enojado o si estoy de prisa o nunca descanso y quiero ser bueno en todo, muy probablemente mi enojo me permita observar que es momento de bajarle unas rayitas a la manera tan dura con la que me trato        .

Cuando has vivido toda tu vida así, enojado y haciendo las cosas de prisa y con intolerancia, no te das cuenta de que estás así, incluso piensas que casi no te enojas porque no identificas que es tu estado habitual. Pregunta a las personas que te rodean, cuál de estas emociones ven más presente en ti. En un estado relajado observa qué emoción expresa tu rostro. Nuestra pareja es un buen espejo, pondré un ejercicio más adelante para que lo hagan juntos.

## Afecto

El afecto es la quinta emoción y es mi favorita, en el sentido de lo importante que es aprender a sentirla y a expresarla. Sentir afecto es sentir vínculo, ganas de acercarte, de tocar, de besar, de conectar. Cuando sabemos sentir afecto, nos sentimos parte y disfrutamos el contacto.

Aprendemos de esta emoción cuando nuestros padres eran personas que sabían vincularse. Esto es algo más de fondo que de forma. Uno puede estar cerca sin estarlo y acariciar sin estar presente desde adentro, desde esta forma de presencia plena en relación con el otro.

Los padres ausentes en términos afectivos proven techo, comida, ropa, pero no miran a los ojos, no validan lo que necesitan los hijos, tampoco crean espacios de juego y de conexión. Uno conecta con su hijo desde que es un pequeño de días. Cuando estás presente, lo sientes inmerso todo en un momento de conexión y amor.

El afecto es una energía femenina. No afirmo que sólo lo viven las mujeres, digo que el afecto es la emoción femenina por excelencia. Femenina como energía y no como género. Te une, te conecta, te acerca, desdibuja los opuestos, empatiza, crea las relaciones. Cuando no sabemos sentir afecto, operamos de forma mercantil las relaciones, estás porque te conviene, porque te uso, porque es cómodo, porque toca que así sea, pero no porque relacionarme sea la experiencia más verdadera y sanadora que hay sobre el planeta.

Sentir afecto es muy sanador, pues no sólo lo sentimos por las personas, podemos sentir afecto por muchas cosas en la vida, incluso por la vida misma. Las mascotas son una fuente de afecto muy bella, la música, la belleza, el arte, las cosas que nos gustan y nos apasionan, son formas de afecto infinitas. Las verdades que reconocemos como propias en la vida son formas de vínculo con la vida y, por ende, de afecto.

El creador hace música, cine, arte en un estado de afecto, con una verdad, con una experiencia interior, una realidad de la vida que está vinculada con su arte y siente unidad con eso y verdadera conexión. Eso lo vemos en el arte, cómo un artista vincula una verdad y la plasma con su lente. Sentimos la relación con eso, lo que conmueve y conecta a cualquiera porque todos en nuestro profundo ser deseamos sentir afecto, sentirnos pertenecientes, amados.

Cuando estamos en pareja, desarrollar la capacidad de afecto es básico. Quizá no sepas hacerlo, aunque cuando conocemos a una persona en la primera etapa del amor, donde hay apertura y no hay tantas defensas, el afecto fluye mejor que cuando vamos lastimándonos con la personalidad herida.

Aunque en esta primera etapa fluyen la conexión y las ganas de pertenecer, ese sentimiento después se vive desde la consciencia, se crea un amor maduro, no sólo desde nuestros instintos, sino desde nuestra elección. El Niño Libre de nuestra personalidad sabe amar, sabe vincularse cuando no tiene miedo. En la segunda etapa del amor, cuando la pareja se conoce un poco más y no fantasean con su Niño, el afecto puede bajar. Por eso, cuando hacemos un amor compañero, puede crecer y tener un nivel de intimidad muy profundo.

¿Recuerdas cuando estuviste con esa persona especial, lo miraste a los ojos y sentiste que el tiempo se paraba, que sólo eran los dos, que era muy conmovedor y un momento lleno de paz y verdad? Eso sucedió gracias al afecto, podemos conectar y sentir esa vinculación con el otro.

Lo que lastimó a tu Niño Herido se llama falta de afecto, desvinculación de nuestros padres con nosotros y con el vacío, y la ausencia que deja eso. Cuando tus padres no te ven y no están conectados contigo, ese lazo está roto. Una mamá puede estar a tu lado, amamantándote pero desvinculada, y eso deja un vacío. Una mamá puede estar trabajando y conectada contigo en un lazo de amor profundo, y el lazo está intacto. Esto es mucho más de fondo que de forma.

¿Qué tan sana está tu capacidad de afecto? ¿Te sientes unido y conectado o vives desconectado, sin pertenecer, solo, con una posición ausente? En la medida en que vamos sanando el dolor de la infancia y sanando nuestras heridas, el afecto crece y se expresa de manera natural. Como decía, somos afectuosos por naturaleza. Pero al ser rechazados y abandonados, bloqueamos el afecto para no sentir el dolor de la ausencia. Sanar las heridas permite que esto vaya recuperándose y creciendo.

El afecto internalizado en la personalidad como adicción es la dependencia. Una persona dependiente quiere ser parte de otra y respirar a través de ella en una forma de afecto enferma; desdibujarse con tal de ser aceptada. Esto es amar demasiado. Pierdes tu identidad por tu hambre de pertenecer.

Un Niño Herido que quiere volver al vientre se siente desvinculado por alguna circunstancia, se quedó atrapado en una etapa muy primaria del desarrollo, manifiesta una manera enferma de afecto. Por ello construye relaciones buscando un papá o una mamá que lo cuide y del cual dependa profundamente.

Una persona que ama demasiado no quiere vincularse y compartir, quiere ser devorada y regresar al vientre donde todo empezó mal. Hace de la otra persona su centro y su mundo. Deja su vida para estar completamente devorada por la otra persona. Desde mi punto de vista, las pacientes más difíciles de tratar son las dependientes, porque no tienen estructura ni fuerza, han construido relaciones en las que se fusionan de tal manera que pierden fuerza, como niñas eternas, cuidadas por alguien en un metafórico vientre o castillo de cristal donde están atrapadas.

Cuando estamos heridos, nos quedamos estancados en la etapa donde nos lastimaron, como si no logramos crecer en una parte. Crece el cuerpo, crece todo en apariencia, pero no le das la vuelta a esa página de tu vida y está presente todo el tiempo. Las personas más dependientes tuvieron una fuerte desvinculación desde el vientre materno, alguna situación emocional muy dolorosa que hizo que la madre estuviera más en el dolor que en vínculo con ese niño.

Lo opuesto al afecto es el miedo. Cuando sentimos miedo, nos desvinculamos y nos separamos. El miedo hace que no sintamos pertenencia. Cuando una madre vive situaciones muy dolorosas durante la gestación, el niño recibe una forma de hostilidad, no siente paz y esto le da miedo. Sabe que corre peligro, no está a salvo con las emociones tóxicas de la madre y esto puede desvincularlo desde el vientre.

Siempre hay oportunidad de reparar esto, vinculándote y amándolo, dándole la seguridad que le faltó. Pero si cuando nace, el asunto sigue igual y ni la madre ni el padre se vinculan, el niño tendrá manifestaciones de miedo al entorno en las vías respiratorias, en la piel, en la alimentación, en todo lo que lo conecte con el medio.

Esta es la herida más dolorosa, la herida de rechazo. Si te identificas con esto y quieres profundizar, te recomiendo mi libro *Transforma las heridas de tu infancia* para que vayas trabajando con esta herida.

- El afecto es vínculo, el miedo es desvinculación.
- El afecto te abre, el miedo te cierra.
- Cuando hay afecto en una relación crece, cuando hay miedo se estanca.

Los tres estados de consciencia Padre, Adulto, Niño sienten distintos niveles de afecto. El Niño tiene un afecto desbordado, lleno de pasión y energía, como un Niño Libre que muestra su afecto y lo vive lleno de alegría. Es maravilloso, pero no dura todo el tiempo ni se expresa el afecto desde aquí. El estado Parental vive un afecto protector, de abrazar y cubrir en tus brazos al ser amado; es un afecto que cuida y nutre. Cuando cuidas al otro, lo nutres y lo abrazas cobijándolo. Lo recibes en casa, le das un abrazo y un beso, y le dices bienvenido al hogar. Ese afecto es menos explosivo, da más paz y cuidado del otro. El Adulto le da contexto a cada expresión de afecto, es consciente del amor que construye en cada elección.

Cuando estamos en pareja podemos sanar al otro y sanar sus heridas dando ese afecto que tanto le faltó. En momentos, cobijarlo como niño o niña y abrazarlo con poder, con amor y fuerza. En otros, ser ese par de niños que aman la vida, que se disfrutan y se divierten juntos en un equilibrio que construye un amor compañero todos los días.

Busca construir un vínculo contigo y ser afectuoso con tus heridas, con tu dolor y tu historia. Crecer en consciencia de tus emociones, tus necesidades y tu maleta, te capacitará para vivir en amor y no en miedo. No existe amor verdadero sin consciencia de lo que somos. No existe amor compañero si no conoces lo que traes dentro y lo amas, lo respetas y te haces responsable de él. Quiero que sepas que, aunque parezca lejos, no lo es. Lo increíble de este proceso es que con cada paso te sientes mejor y no necesitas sanar completamente tus heridas para empezar a vivir algo mejor. Cada que te miras, cada que respetas lo que eres, cada que te comunicas con tus necesidades, que eliges con lealtad para ti; cada que llenas una necesidad verdadera, cada que lo haces, estás capacitado para ser una mejor pareja de otro u otra, porque eres una buena pareja de ti mismo.

Todos estamos relacionados por un plan divino, por una matemática y una poderosa razón. Nadie conecta con otro por casualidad. Hay una profunda matemática que nos conecta y nos invita a vencernos a través de ese gran espejo y caminar al encuentro.

Cuando conocí a mi esposo éramos una oportunidad el uno para el otro. Estábamos llenos de necesidades y ganas de vivir algo bueno y sanador para los dos. Él me ha dado los mejores años de mi vida, ha sido un padre para mi hijo Bruno y hoy es un padre amoroso para nuestra pequeña Isabella. Con él he compartido años de aprendizaje y crecimiento. Estoy convencida de que la amistad, el amor y la intimidad que vivo con él difícilmente podré vivirla con alguien más.

Conocemos los puntos más dolorosos, nos hemos abrazado y protegido en muchos momentos, nos hemos escuchado llorar y tomado de la mano entendiendo que su dolor es el mío. No puedo explicar todo lo que le agradezco y, sin duda, puedo decir que él es el amor de mi vida porque construimos un amor que nos sanó a los dos. Empezamos siendo uno, hoy somos completamente distintos pero en el fondo los mismos.

No te des por vencido, el amor sí existe, sólo hay que construirlo con una persona interesada en la misma empresa, con alguien consciente de la aventura que implica. Como dije al principio de este libro, la persona que gana amor por sí mismo tiene mayor espacio interior para construir un amor compañero, un amor verdadero. Nadie da lo que no tiene.

# 10

# Amor compañero

En este libro hemos hablado básicamente de los tres estados de consciencia: Parental, Adulto y Niño, así como de la importancia de conocernos y hacernos responsables de la maleta que trae cada uno de nosotros con la historia, los dolores, la personalidad, la familia: todo juega a la hora de compartir la vida con el otro, por eso es muy importante conocerlo individualmente.

También reflexionamos acerca del amor desde el vacío y la necesidad, amar con hambre, y de cómo nuestra posición de carencia construye relaciones donde creemos que no somos lo suficiente y necesitamos hacer mucho para ser queridos. Observamos el otro lado de la moneda, esto es amar sin hambre y más en valor, con más merecimiento y autoestima.

Hemos hablado de nuestra capacidad para encontrar el diablo perfecto para nuestros infiernos de dolor que se repiten una y otra vez en nuestras relaciones, porque operan en el inconsciente y no impiden crear nuevas historias y nuevas realidades. Sólo cambiamos de personajes aunque parezca que todo es algo nuevo, al final terminamos la relación sintiéndonos solos como siempre, en abandono o en traición.

En el capítulo 5 describí los juegos psicológicos y la manera de salir de ellos. Construir una relación fuera de juegos es el reto de toda pareja y las claves para vivirla desde otro lugar son la tarea que debes poner en práctica.

Es indudable que el camino más importante es hacerte responsable de ese Niño Herido que está en el fondo de tu alma, ese Niño que espera ser escuchado, que merece ser protegido, que necesita relacionarse en amor y desea tener relaciones de afecto y amor. Primero tú en la relación contigo y después en paralelo, en la relación con los demás. Nadie sana en soledad y nadie sana en aislamiento. No hay manera de probarte y generar un laboratorio de aprendizajes y crecimiento en soledad.

También describí las cinco películas de dolor con base en las cinco heridas de la infancia, para hacernos conscientes de cómo enganchan cada una de las heridas en las relaciones y saber cuáles son las heridas que cada uno vive en la relación, incluí un test para sanar juntos sus heridas a través del Padre Nutritivo de ambos.

En el capítulo 8 hablé de la importancia de la comunicación como el puente que conecta las relaciones sanas. Gracias a la comunicación barremos y limpiamos los malos entendidos, comunicamos lo que sentimos, establecemos una comunicación afectiva desde la responsabilidad de nuestros sentimientos. Mantener la comunicación abierta es posible, si somos conscientes de lo que sentimos y tomamos en cuenta todo lo que somos al hablar.

Cerramos el capítulo 9 hablando de las emociones como un camino para escuchar la necesidad personal y como una vía de encuentro entre la pareja. Si escuchan lo que sienten, pueden llenar las necesidades personales y también llenar una parte de la necesidad del otro. Las emociones son un camino de sanación y de intimidad, podemos ponerlas con consciencia en la relación.

Concluyo este libro con una idea que quiero dejar en claro: lo que nos lastimó cuando éramos niños es la indiferencia, el abandono, el rechazo a nuestras necesidades y nuestro valor. Dejemos de hacer esto con nuestra pareja, dejemos de ignorar a la persona. Ignorar es la mayor forma de violencia, porque nulifica al otro de manera perversa.

Hay una parte de nosotros que no quiere cambiar, le asusta amar y ser lastimado de nuevo. Es la parte automática de nuestro comportamiento y siempre encontrará pretextos y justificaciones para no moverse. Nos asusta ser felices, nos asusta lanzarnos al vacío en nuevas formas de ser que nos lleven a movernos de nuestra zona de confort y descubrir que amar no es tan difícil como creíamos, ¡pues amar es algo mucho más natural que defendernos y lastimarnos!

Creo que uno de los retos más importantes en la sanación de nuestras heridas es trabajar con ese ego que ha vivido defendiéndose del amor y protegiéndose de todo lo que no sabe integrar a su vida. Tu ego es mental, busca encontrar justificación a tu comportamiento, es una defensa y un caparazón que ha salido adelante en la vida y te ha permitido resolver y salir de situaciones dolorosas. Ha sido muy importante como tu herramienta para salir adelante pero hoy no se quiere mover, quiere seguir en los mismos comportamientos de siempre y en las mismas visiones de lo que aprendió en los momentos más vulnerables de tu desarrollo.

El ego no sabe amar, sabe sobrevivir, y hoy es una parte de nosotros con mucho poder y toma el control de la mayoría de las situaciones importantes de nuestra vida que seguramente nos gustaría manejar desde otro lugar, desde un lugar más consciente y vulnerable. El ego es tu orgullo, tu incapacidad de reconocer que te equivocaste, de hablar y romper el hielo con tu pareja y pedir disculpas.

El ego busca alimentar las creencias con las que creciste y tener las cosas bajo control tal como las conoce. Todo nuevo comportamiento sale de su control y empieza a sentirse amenazado, está haciendo algo que no ha hecho nunca y te puede llenar la cabeza de dudas y de justificaciones para no moverte.

Por ejemplo, tú has crecido siempre con la idea de que las mujeres quieren controlar tu vida y debes defenderte de ellas o que los hombres son infieles y nunca hay que esperar nada de ellos. Cuando te das cuenta que esas creencias te han limitado en tus relaciones y no te han permitido construir relaciones de confianza y amor, puedes elegir cambiar esas visiones y mirar diferente la realidad, pero el ego se va a encargar de convencerte de que es un error lo que estás haciendo y te dirá como una serie de voces en tu cabeza: "Vas a confiar y te van a lastimar, no te muevas de lo que ya conoces porque es lo único que funciona..." Y si tú no eres consciente de que es tu ego quien tiene miedo a moverse y salir de todo lo conocido, con lo que creciste y has practicado por años, si no eres consciente, le puedes comprar la visión, incluso sabotearte con tal de soltar la angustia y la pelea que trae contigo por querer salir de los comportamientos conocidos.

El ego siempre peleará por ser lo que siempre ha sido, por comprobar que debe vivir conforme a su esquema disfuncional o limitante. La verdadera batalla del cambio en nuestra vida es con nosotros, con nuestros miedos y nuestras creencias limitantes que nos han dado, por un, lado seguridad y fuerza, pero que hoy necesitamos transformar para vivir algo nuevo y mejor.

Este es el verdadero reto de la pareja, lograr hacerse cargo cada uno de sus egos, de sus miedos a la intimidad, de su egoísmo y su defensa que es una capa con la que crecemos y nos hace sólo estar en nuestra visión de las cosas, no nos deja mirar a la otra persona y sus necesidades. El ego sólo quiere su visión, pues siempre cree que tiene la razón y que no se equivoca.

Todos hemos desarrollado esa capa: nuestro ego, al que debemos aprender a conocer muy bien; mientras más dolor, más inconsciencia, menos autoconocimiento, entonces más ego tendrás y menos podrás disfrutar la intimidad, pues al vivir desde el ego sólo buscarás comprobar tus creencias y vivir conforme a tus guiones aprendidos. El ego no busca cambiar, busca estar en lo mismo y no moverse.

Para ya no elegir desde el ego necesitas estar consciente de ti en la medida de lo posible y conocer las creencias que han movido tu vida todos estos años, esto es muy fácil de descubrir observando la forma en que te relacionas, observando la forma en que han caminado tus relaciones y si llenan o no tus necesidades y viceversa.

Para vivir relaciones de pareja sanas necesitamos dejar al ego al margen de muchas de las decisiones y situaciones donde lo que debe operar es tu consciencia, si te das cuenta de lo que está pasando tienes la oportunidad de elegir algo diferente y no desde los esquemas de siempre. Entiendo que es súper difícil mantenerse siempre consciente, pero por lo menos elige estarlo en las situaciones más importantes de tu vida.

Al ego no le gusta escuchar, no le gusta estar equivocado, ser vulnerable, reconocer que se equivoca, que no siempre tiene la razón, que su visión no es la única. No le gusta lo nuevo ni lanzarse a lo desconocido. Quiere lo de siempre porque está convencido que es lo único que hay y ha encontrado una forma de estar a salvo en sus creencias y miedos.

Para salir del ego necesitamos conocernos, trabajar con nuestro dolor; el dolor que tenemos atrapado en nuestro cuerpo y en nuestra psique engorda al ego y hace más grande la defensa, las personas que nunca han trabajado con su parte emocional pueden pasarse años en terapia y seguir con el ego súper gordo porque sólo lo han engordado con nuevos argumentos y justificaciones en la cabeza, pero sin bajar al cuerpo y a las emociones.

Cuando tienes un ego o una defensa muy grande debes trabajar con tu cuerpo y tus emociones, más que con tu cabeza que sólo busca comprender miles de cosas para no moverse de la realidad. Es como una ilusión de cambio, como ya lo entiendes ya cambiaste y eso es una mentira, sólo lo entiendes, ahora hay que ponerlo en práctica y, con humildad, integrarlo hasta que salga bien. Tenemos un ego tan grande que no nos gusta esperar hasta que salga bien, si no sale a la primera o segunda, entonces volvemos a lo mismo o desacreditamos lo aprendido y buscamos algo más que funcione rápido y sin esfuerzo.

Es como cuando vas con el nutriólogo y entiendes la dieta, pero no la llevas a la práctica, saltarás de nutriólogo en nutriólogo pensando en qué momento encontrarás al bueno que te hará bajar de peso sin poner en práctica el hecho de dejar de comer lo que te engorda. La mayoría de las dietas funcionan, sólo debemos hacerlas y romper con los hábitos que han estado contigo toda tu vida... y eso es justo lo que el ego quiere evitar, la práctica de nuevas formas y nuevas visiones.

Cuando somos muy controladores, esos cambios cuestan más porque no confías y quieres garantías en todo. Hay que acompañarnos con paciencia y vulnerabilidad, no debemos tratarnos como si no tuviéramos derecho a equivocarnos. Podemos equivocarnos, y equivocarnos es la mejor manera de aprender, estamos en un laboratorio, estamos para practicar y nunca nos va a salir bien a la primera, pero si aprendemos nos va a salir mejor la que sigue y así caminaremos con paciencia a una meta. Aunque suele pasarnos que si no nos sale bien entonces el ego nos convence de que no funciona o nos empieza a criticar y perseguir tanto que nos debilita bajando toda nuestra fuerza.

La crítica y la descalificación son los recursos del ego para mantenerte en la misma posición y no dejarte salir de la situación que hoy ya no quieres, que te duele y lastima a los que amas. Cuando empiezas a descalificarte y hablarte mal, es el ego quien está echando mano de sus recursos para debilitarte, para no cambiar la forma de ser que requiere ajustes.

Nada sale a la primera, todo necesita su tiempo para integrarse, se vale caerse todas las veces que sea necesario, se vale tener miedo, se vale tener tus dudas, ¡pero camina, que tu ego no te detenga! Lleva a la práctica pequeños pasos de lo que ya tienes claro y no permitas que sólo se queden en tu cabeza como algo que entiendes muy bien y quisieras hacer algún día, pero suena tan difícil y lejano. Esa también es otra estrategia del ego, las cosas no son ni tan difíciles ni tan lejanas, están al alcance de tu mano sólo debes comprometerte con amor y paciencia hasta integrarlas y reconocer siempre los pequeños avances.

A cualquier nueva forma que se manifiesta y es mejor que la anterior, debes darle su reconocimiento y dejar de pensar que como soy yo quien todo lo puede, debe salir a la primera o rápido, y si no es así, mejor me voy a buscar otra verdad que mágicamente me permita cambiar lo que debo cambiar sin esfuerzo, sin batallar con mi propio dragón interior llamado ego.

Creo que ese es el mayor de los retos, tener la paciencia y el amor para enseñarnos una nueva manera de estar en la vida y en las relaciones, sin las defensas que nos han sostenido por tanto tiempo.

Hoy hay mucho Ego en todos, mucho miedo y mucho dolor lo sostienen, estamos en el camino para trabajar con él, pero debemos tener claro con quién estamos luchando y cuáles son sus estrategias para regresarnos a lo mismo de siempre. La crítica, el sentir que siempre tienes la razón, el control, la impaciencia, la necesidad de ser perfecto, la actitud de resolver todo y hacerte cargo de todo, todo eso se llama ego y mientras más opera en nuestra inconsciencia, más control tiene de nosotros y aumenta la incapacidad de movernos hacía los cambios que buscamos en nuestra vida.

No hay que pelearnos con el ego, no hay que rechazarlo, hay que conocerlo y dirigirlo hacía ese lugar que nos hace felices, moverlo para llenar nuestras verdaderas necesidades y mirar con apertura y amor a las personas con las que hoy compartimos la vida. Ellas también tienen miedo y también tienen un ego que les mete el pie y sabotea mucho de lo bueno y sano para ellas.

Hay que aprender a ser compasivos con nosotros y con los demás, entendiendo que nadie es perfecto y todos llevamos una maleta —a veces bien pesada— con tantas cosas que cargamos de nuestros padres, de nuestra historia y la traemos como parte del viaje de la vida, es pesado cargarla y mucho más pesado cuando no sabes que la traes y no aprendes a mirar las señales que te da la vida y aprender de ellas, pues tenemos la visión limitante de que si reconocemos nuestro error estamos mal, nos hace menos o tontos.

La persona que reconoce su error es alguien que vale mucho la pena, todos nos equivocamos y mucho, tenemos ese derecho, pero hay que asumir el error como parte de un aprendizaje, sin culpas ni autocastigos, sólo transformarlo. Eso requiere de tu acompañamiento y tu paciencia.

Dos personas con egos muy fuertes chocan todo el tiempo porque, por un lado, tienen una gran necesidad de intimidad, pero por el otro tienen mucho miedo de bajar sus defensas. Yo he conocido muchos casos en mi terapia de pareja que se aman profundamente pero sus egos no trabajados nunca les permiten demostrarse su amor, esa es otra estrategia del ego para no ser lastimado, nunca demuestra el amor que siente porque cree que si lo hace lo van a lastimar más. No te quedes con amor ni con cosas maravillosas que decir, ofrece amor y haz lo que te hace sentir bien, no dejes de hacer y decir lo que quieres todo esto, te hace más fuerte y más libre.

## Pon a dieta a tu ego:

- Leyendo menos y practicando más.
- Escuchando más a tu cuerpo.
- Reconociendo tus errores.
- Soltando tu necesidad de ser perfecto y correcto.

- Siendo vulnerable con los que sientes.
- Dándote el derecho a equivocarte y aprender.
- Siendo consciente de tus limitaciones y compasivo con ellas.
- Trabaja con tu dolor.
- Escucha más y habla menos.
- Observa los mensajes de la vida.
- Mantén una actitud abierta, la vida siempre te sorprende.

El viaje de la vida vale la pena disfrutarlo en pareja, y una real pareja es la que más allá de sus egos, toca el verdadero yo del otro y lo abraza, disfruta al amarlo. Ese verdadero yo lo vemos al hacer el amor, al mirar a los ojos, al compartir cosas que ambos disfrutamos, al hablar de lo que sentimos con vulnerabilidad, al reconocer cuando nos equivocamos, al disfrutar la vida acompañado.

Hay que hacer ese viaje al interior todo el tiempo y mantenernos cada vez más conscientes de quiénes somos, de lo que necesitamos y de lo que queremos. Eso es amor, una manera de unidad con toda tu complejidad, con todo lo que eres, tus heridas, tu belleza, tu luz y tu sombra, pero desde una comprensión cada vez con menos juicio, con menos auto exigencia, con más aceptación, con más compasión y responsabilidad. Con más silencios cómplices, con más disfrute y con más amor.

4 de abril de 2018

*Sana tus heridas en pareja* de Anamar Orihuela
se terminó de imprimir en junio de 2018
en los talleres de
Litográfica Ingramex, S.A. de C.V.
Centeno 162-1, Col. Granjas Esmeralda, C.P. 09810,
Ciudad de México.